여론조사, 과학인가 예술인가?

여론조사의 오류 지뢰밭 들여다보기

여론조사, 과학인가 예술인가?

초판1쇄 발행 • 2009년 10월 10일
   2쇄 발행 • 2014년 10월 10일

지은이 • 강홍수
펴낸이 • 이재호
펴낸곳 • 리북
등   록 • 1995년 12월 20일 제13-663호
주   소 • 경기도 파주시 광인사길 68 2층(문발동)
전   화 • 031-955-6435
팩   스 • 031-955-6437

정   가 • 10,000원

ISBN 978-89-87315-98-0

여론조사, 과학인가 예술인가?

여론조사의 오류 지뢰밭 들여다보기

강 홍 수 지음

리북

"여론조사는 과학"이라는 말을 흔히 듣는다. 많은 사람들이 이 말을 거부감 없이 받아들이고 있는데, 과연 여론조사는 과학일까? 이 질문에 답하려면 먼저 여론조사는 과학이라는 말의 의미부터 살펴보아야 할 것이다.

'과학'을 규정하는 몇 가지 요건이 있다(Johnson, Joslyn, and Reynolds, 2001). 예컨대 과학은 경험적으로 입증할 수 있어야 하고(경험적 입증 요건), 연구자에 따라 결과가 다르게 나오는 일이 없어야 한다(객관성 요건).[1] 이런 요건을 놓고 보면 "여론조사는 과학이다"라는 명제에는 무엇보다 (1) 여론은 객관적으로 존재하며 측정 가능하다, (2) 같은 시기에 같은 사안을 두고 여러 개의 여론조사가 실시된다면 조사 결과들은 서로 일치해야 한다 라는 의미가 담겨 있는 것으로 보인다. 이 의미로부터 여론조사의 과학성 여부를 판단

---

1) '경험적empirical'이란 용어는 "우리의 오감senses을 통해서" 정도로 이해하면 될 듯하다. '객관성'은 연구자의 개인적 편향이 경험적 입증 과정에 영향을 미치지 못하도록 차단되어야 하는 요건을 의미한다.

하는 중요한 준거를 하나 찾을 수 있다. 바로 '정확성'이다. 여론 조사는 무엇보다 정확해야 과학의 지위를 부여받을 수 있다.

그러면 여론조사는 과학인가? 다시 말해 여론조사는 정확한가? 이 질문은 다음과 같이 풀어 쓸 수도 있다. 여론조사는 객관적으로 존재하는 그 무엇을 (있는 그대로) 발견finding하는 것인가(정확—과학), 아니면 실재하지 않은 어떤 것을 (가공으로) 창조creating해 내는 것인가(부정확—예술)? 결론부터 말하면, 저자는 여론조사가 과학이 아니라 예술에 더 가깝다고 본다. 이것은 저자만의 생각이 아니라 다른 전문가들도 공유하는 견해이다(예컨대 Johnson 2007; Weisberg, Krosnick, and Bowen, 1996). 저자는 온건하게 "더 가깝다"고 했지만 사실 다른 전문가들은 "(과학이 아니라 예술에) 훨씬 더 가깝다far more of an art than a science"고 이해한다.

그렇다면 여론조사는 무의미하고 불필요한가? 여론조사가 과학 보다는 예술에 더 가깝다는 이해가 여론조사 자체를 부정하는 극단적인 입장을 나타내는 것은 아니다. 저자는 그런 극단적인 입장을 피력하는 여론조사 전문가를 알지 못한다. 여론조사가 예술에 더 가깝다는 주장은 이론과 실제 사이에 존재하는 괴리를 지적하는 것이다. 그것은 여론조사를 실시할 때 부딪히는 현실의 제약이 이론 차원에서 기대되는 정확성을 심각하게 훼손한다는 말이다.

이 책은 여론조사가 과학인지, 아니면 예술인지 평결을 내리는 형식을 취한다. 현실에서 여론조사 결과를 왜곡하는 요인이 얼마나 다양하게 존재하며, 실제로 여론조사 결과가 얼마나 쉽게 왜곡되는지 살펴보아 여론조사가 예술에 더 가깝다는 저자의 주장을 뒷받침할 것이다.

그러나 이 책의 목적은 여론조사를 폄훼하자는 것이 아니다. 여론조사시장은 생산자(조사회사 근무자), 유통자(언론사 기자), 소비자(일반 국민)가 참여하는 공간이다. 이 책은 여론조사시장의 모든 참여자들에게 여론조사의 정확성을 위협하는 지뢰들이 어느 지점에 매설되어 있는지 알려주는 지도를 함께 그려나가자고 요청한다. 다른 말로, 이 책의 목적은 매설된 지뢰를 피해나갈 안목을 얻기 위해 우리 모두 잠시 공부하는 시간을 갖자는 것이다. 그런 공부가 '과학보다는 예술에 더 가까운 여론조사'에서 '예술보다는 과학에 더 가까운 여론조사'로 나아가는 데 밑거름이 되리라 기대하기 때문이다.

2008 여름에는 유난히 여론조사 보도가 많았다. 이런저런 매체들이 대통령 국정운영 지지도, 정당 지지도를 비롯한 정치조사 결과를 경쟁이라도 하듯 연일 쏟아냈다. 촛불집회의 여파에 많은 사람의 관심이 쏠린 탓일 것이다. 당시 연이어 쏟아지는 여론조사 보도를 접하면서 불편한 심정이 컸다. 무엇보다 조사 결과들이 들쭉날쭉 엇갈려 혼란스러웠다. 여론조사가 정치를 추동하는 축으로 떠오른 현실을 두고 논란이 있다. 이러한 현실이 바람직한지는 여러 시각에서 따져보아야 하므로 한마디로 잘라 판단을 내리기가 어렵다. 하지만 여론조사 결과의 정확성 여부는 다르다. 조사가 정확하지 않으면 문제가 아닐 수 없다.

널뛰듯 어지러운 여론조사 보도들이 잠자코 있기 어려울 정도로 눈에 거슬렸다. 여론조사를 실시하는 것 자체가 정치 행위가 되어버렸다는 생각이 들었을 때, 인터넷 신문에 기고할 생각으로 글을

7

쓰기 시작했다. 처음 의도와는 달리 글이 너무 길어졌고, 접촉한 인터넷 신문사의 사정도 있고 해서 기고는 이루어지지 않았다. 글을 묵혀두고 있던 중 출간을 권유받고 올해 여름방학에 내용을 보완하고 글을 다듬었다. 참고로, 저자는 '사회과학 조사방법론'이란 과목을 오래 강의했다. 이 책은 저자의 조사방법론 강의노트에서 여론조사 부분(여덟 시간 강의 분량)을 뽑아 풀어쓰고 살을 보탠 것임을 밝힌다.

단행본으로 내려고 글을 다듬기 시작하면서 책의 주독자층에 대해 잠시 고민을 해보았다. 저자가 타깃으로 삼는 주독자층은 여론조사회사 연구원, 언론사 기자, 정치권에 몸담고 있는 사람들을 비롯하여, 대학에서 조사방법론을 강의하는 교수/강사나 수강하는 학생들, 조사회사에 취업을 원하는 사람들, 사회조사분석사 자격시험을 준비하는 사람들 등이다. 책을 읽어나가는 데 방해가 될 수 있는데도 질문 문구나 실험 사례가 외국 것이면 영어 원문을 괄호 안에 넣었다. 이 책이 조사방법론 과목의 교재가 될 수 있고, 그 외 여론조사를 공부하는 사람들에게 도움이 될지도 모른다는 생각 때문이다. 학술 용어와 용어 설명을 곁들인 것도 같은 이유에서이다.

책의 내용 중에는 여론조사의 오·남용에 대해서도 짚어보는 대목이 있다. 예컨대 여론조사 결과를 왜곡한 국내외 사례를 군데군데 소개하고, 정책결정을 합리화하는 수단으로 여론조사를 활용하거나 권력자의 심기를 관리하는 도구로 활용한 사례들도 살펴본다. 다른 예로 후보 공천에 여론조사를 활용하는 지금의 추세도 여론조사를 남용하는 사례인데, 이것 역시 바람직하지 못하다는 논거를 제시한다. 그러는 가운데 여론조사의 생산자와 유통자, 소비자는 어떤 자세로 여론조사에 접근해야 좋은지 논의를 펼친다. 이 책이 여론조사의 오·남용을 줄이는 데 작으나마 도움이 될 수 있다면 저자에게는 큰 기쁨일 것이다.

묵혀두었던 원고를 읽고 출간을 권유한 리북출판사의 이재호 대표님과 초고를 읽고 조언을 아끼지 않았던 갤럽의 한철수 팀장, 동서리서치의 문병훈 차장께 감사를 드린다. 바쁜 와중에도 교정에 도움을 준 손현미 님께도 고맙다는 인사를 올린다. 매주 빠트리지 않고 국제전화로 오빠를 걱정해주는 어머니 같은 동생과 삼촌 '상태' 가 괜찮은지 간 보느라 가끔씩 전화하는 조카 서경에게도 고마움을 실어 사랑하는 마음을 '반사' 한다.

2009년 9월

강 흥 수 姜興秀

■차 례

III. 비표본추출 오류 • 95

I. 들어가며

1. 시작하는 글

사흘이 멀다 하고 자주 접하는 것이 언론의 여론조사 보도이다. 선거철이면 하루가 멀다 할 지경이다. 이러다 텔레비전 뉴스와 신문에 주가, 환율 등을 다루는 고정 코너가 있듯이, 조만간 여론조사 코너가 고정으로 자리 잡지는 않을까 하는 생각마저 든다. 여론조사는 이제 우리 정치에서 누구도 부인하기 어려울 만큼 확고한 위상을 차지하고 있다.

지난 2007년 대선을 되짚어보자. 여론조사는 우선 일정 지분을 할당받는 형식으로 후보 공천에 직접 개입하였다. 그뿐 아니라 양 떼를 몰고 가는 목동의 막대기guiding stick처럼 선거판의 흐름을 조율해나가는 감독 역할까지 수행한 바 있다. 손학규 전 경기지사가 오래 몸담은 둥지를 떠나기로 결심한 데는 여론조사가 결정적인 영향을 미쳤을 것이다. 그에게 한나라당 내 이명박-박근혜로 압

축된 양강구도의 벽을 넘을 수 없다고 알려준 것도 여론조사였으며, 당시 여권이 무주공산이나 다름없으니 거기서는 해볼 만하다고 등 떠민 것도 여론조사가 아니었겠는가.

김근태 전 열린우리당 의장에게 출마 대신 '판메이커' 역할을 자임하라며 아픈 결단을 내리도록 종용한 것도 여론조사였으리라. 기업인에서 정치인으로 문국현 전 유한킴블리 사장의 변신을 부추긴 것도 당시 여권 내 유력 대선주자의 부재를 확인해준 여론조사였을 것이다. 이른바 진보진영을 대표했던 정동영 후보는 가장 보수적인 스탠스를 취한 이회창 후보에게 연대를 제안하며 '상식의 허를 찌른 고차원'의 선거전략을 구사하였다. 여론조사가 없었더라면 불가능한 선택이 아니었을까? 여론조사는 심지어 대선 후보 관련 검찰 수사에 방어막 구실까지 해주었다는 세평도 얻었다.

어느 캠프에 줄을 설까 우왕좌왕하던 정치꾼들 마음을 정리해준 것도, 각 캠프의 그날그날 사기를 결정한 것도 여론조사였다. 캠프의 자금 조달 양과 속도를 좌우한 것도 여론조사였을 것이다. 2008년 8월 20일경에는 이명박 대통령의 국정운영 지지도가 20% 중반 내지 30% 초반으로 반등하였다는 여론조사 결과에 청와대가 희색이 만면하다는 보도도 있었다. 임기 첫해 국정운영 지지도가 그 정도이면 절대치로 보아 울어도 시원찮은 수준이다. 그럼에도 희색이 만면했다면 코미디가 따로 없다. 이렇듯 여론조사는 코미디도 연출한다. 여론조사는 이제 정치판을 그야말로 울리고 웃기며, 들었다 놓았다 한다.

여론조사는 2002년 노무현-정몽준의 후보 단일화를 계기로 우리 정치에서 하나의 '제도'로 자리 잡았다. 크고 작은 선거의 후보 공천을 결정하는 것도 여론조사이고, 여야를 막론하고 정책 입장이나 정치적 주장의 가장 강력한 근거로 인용하는 것도 여론조사이다. 2008년 제주도의 영리 의료법인 도입 사례처럼 찬반양론이 첨예하게 대립하는 사안의 최종 결정도 여론조사가 맡고 있는 형국이다. 여론조사의 지위가 정치 '제도화' 단계까지 격상하였음을 이보다 더 생생하게 보여주기도 어려울 성싶다.

여론조사의 지위가 격상한 데 대해서는 여러 가지 설명이 가능하다. 그 가운데 하나는 숫자가 갖는 매력이다. 여론조사 결과는 숫자로 나타나고, 그것은 조사 결과를 움직일 수 없는 객관적 사실인 것처럼 근사하게 포장하는 역할을 한다. 소수점 이하 자리의 숫자로 나타날 때 여론조사 결과는 진정으로 엄밀한 과학hard science이라는 인상을 풍긴다(Johnson, 2007). 여론조사가 마치 하나의 정치제도인 양 행세하는 데는 과학의 권위라는 외피가 큰 몫을 하고 있다.

여론조사는 앞으로도 정치인, 정치집단, 정책 등에 부지런히 호가를 매기면서 권력 중개인 노릇을 왕성하게 수행해 나갈 것으로 보인다. 사흘이 멀다 하고 여론조사 보도가 잦은 데는 여론조사시장의 참여자들(조사업계, 언론, 일반 국민) 사이에 이해가 일치하는 부분이 있기 때문이다. 우선, 영리추구를 목적으로 하는 여론조사업계에 조사 결과의 보도는 사활이 걸린 문제이다. 보도가 없으면 조사업계는 그만큼 위축될 것이 뻔하다.

여론조사 보도는 언론의 이해와도 맞아떨어진다. 정치와 언론과의 관계를 오랫동안 연구해온 도리스 그레이버Doris Graber 교수 등이 편집한 책은 여론조사 보도의 기능을 세 가지로 정리한다(Frankovic, 1998). 그중 하나는 여론조사 보도가 언론의 권력행사를 가능케 해주는 수단이 된다는 것이다. 이를테면 언론은 여론조사 보도에 기대어 대통령을 공격하거나 훈수를 둘 수 있고, 선거철에는 여론조사 보도를 통해 특정 후보의 명운에 영향을 미치는 일도 적지 않다 (Graber, 2002도 참조). 숱한 비난에도 선거철에 여론조사를 앞세운 경마식 보도가 성행하는 것 역시 언론에 도움이 되기 때문이다. 경마식 보도는 언론에 정치권을 상대로 힘을 과시하고, 더불어 국민의 이목도 끌어당기는 기회를 제공한다. 앞서거니 뒤서거니 하는 뜀박질 중계가 국민에게는 어쨌든 흥미로운 관전거리로 다가간다.

마지막으로, 언론 보도를 소비하는 국민의 입장에서도 여론조사 보도는 원론적으로 정치 정보를 얻는다는 점에서 적어도 기피할 대상은 아니다. 이는 물론 여론조사가 제대로 된 경우의 이야기이다. 부정확한 정치 정보는 언론 보도에서 자취를 감추어야 마땅할 것이다. 이 책도 바로 이러한 문제의식에서 출발한다.

여론조사가 우리 정치에서 차지하는 위상을 감안하면 여론조사의 생산자(조사업계 종사자), 유통자(언론계 기자), 소비자(국민) 모두 한 번쯤 작심하고 여론조사의 속을 뒤집어 꼼꼼하게 살펴보는 기회를 가질 필요가 있다. 이 책은 그러한 필요를 충족시키려는 목적에서 씌어졌다. 책을 관통하는 주제는 "여론조사는 과학인가, 아니면 예술인가"[2]로 여론조사의 면면을 속속들이 파헤쳐보자는 것이다. 다시 한 번 강조하건대, 이 책은 여론조사 자체를 완전히 부정하자는 의도가 아니라 여론조사의 효용과 한계를 더 깊이 이

---

2) 이 주제의 의미에 대해서는 저자 서문에 설명해놓았다. 저자 서문을 읽지 않은 독자는 돌아가서 저자 서문을 참고하기 바란다.

해하자는 바람을 담고 있다.

글의 순서는 우리나라 여론조사 정보의 신뢰성에 대한 문제제기로 시작한다. 여론조사가 과학인지 아닌지의 질문이 타당한 주제임을 보여주기 위함이다. 본론에서는 먼저 표본추출sampling과 관련하여 여론조사가 얼마나 왜곡되기 쉬운가error-prone를 살펴볼 것이다. 그 다음, 표본추출과 무관하게 발생하는 오류들을 논의한다. 두말할 나위 없이 그러한 오류들은 실제로 발생할 경우 '여론조사는 과학'이라는 주장을 위협하는 치명적인 증거가 된다.

이 책은 일반 독자도 대상으로 하므로 지나치게 전문적인 내용이나 통계적으로 기술적technical인 논의는 삼가겠다. '지나치게 전문적'인 내용이란 어떤 것일까? 가령 '여론조사는 기본적으로 서양에서 개발된 마음 들여다보기인데 우리나라 사람의 마음을 다 읽어내기에는 부족한 수단이다'라는 주장이 있다. 이에 대한 논의가 한 예가 될 듯하다. 우리나라 사람은 문화인류학적으로 서양인과 다른 면이 많다. 때문에 서양의 눈으로는 우리나라 사람을 제대로 보지 못하는 부분이 분명히 존재한다.[3] 이를테면 우리말 "너 정말 그럴 거야!"라는 짧은 경고에 실린 엄중함을 두어 마디 단어로 그대로 옮길 수 있는 영어 문장을 생각하기 힘들다.[4] 서양인은 경고의 대상이 잘못한 일들을 하나씩 나열해가며 왜 문제가 되는지를 납득시키는 과정에서 같은 무게의 엄중함을 전하려 할 것이다.

---

3) 이 주제와 관련하여 최인철(2004)이 번역한 『생각의 지도』는 좋은 읽을 거리이다.

4) 이 예는 국민대에서 문화교차학 연구를 이끄는 조중빈 교수가 저자와 대화를 나누는 중에 언급하였다. 저작권이 조중빈 교수에게 있음을 밝힌다.

비슷한 맥락에서, 한국 사람은 '이판사판理判事判' 5)이란 말을 수백 년 이상 일상에서 사용해올 만큼 소위 '이성' 외에 또 하나의 정보처리 도구가 존재함을 이미 오래전부터 알고 지냈다는 점도 흥미롭다. 서양에서는 자이앙크Robert Zajonc라는 심리학자가 1980년 논문에서 감정feeling을 정보처리의 도구로 조명하기 전까지 그 점은 큰 관심을 끌지 못했다. 정치에 등을 돌리고 정치인을 혐오하는 것도 한국에서나 서양에서나 현상으로는 비슷하지만 이면의 모습은 판이할 수 있다. 서양식 유머나 설득·광고기법이 우리에게는 통하지 않을 때도 적지 않다. 이렇듯 한국 사람과 서양인 사이에는 분명한 차이가 있다.

서양에서 개발한 여론조사 기법은 우리에게 한계가 있으므로 한국인의 심리를 이해하고 그것에 기초하여 질문 문항과 질문 문구wordings, 조사 기법을 개발해야 한다고 주장하는 학자들이 있다(예컨대 최상진, 2000). 백번 옳은 주장이다. 그러나 이러한 유類의 이슈는 매우 전문적인 논의가 필요하다. 이 책에서는 여론조사와 관련하여 이와 같이 중요한 논의거리도 있다는 점만 언급하고 더 깊이 다루지는 않겠다.

---

5) 사판은 주어진 실증 자료empirical data를 근거로 차근차근 '이성적'으로 따지는 과정을 거친 뒤에 내리는 판단data-driven 'rational' processing을 뜻하고, 이판은 직관적이거나 영적 또는 감정적인intuitive/spiritual/affective 판단을 의미한다. 이판은 사판 세계의 논리와 언어로는 설명이 불가능하다. 그래서 사판의 시각에서 보면 이판은 판단에 이르는 과정을 결여한, '비합리적'인 판단으로 치부된다. 하지만 이는 어디까지나 우리 인간이 사판 세계에서 가동하는 인지능력의 근원적 한계에서 비롯된 이해일 뿐, 이판은 원래 '비합리적'인 판단이라는 의미로 받아들여서는 안 된다. 이판사판에 대한 설명은 조용헌(2002)의 『사주명리학 이야기』에서도 읽을 수 있다.

2. 폴러코스터

1) 폴러코스터의 정의와 사례

폴러코스터pollercoaster란 말이 있다. 치솟았다 곤두박질쳤다 긴 장감을 더하며 빠른 속도로 내닫는 롤러코스터rollercoaster라는 단어에 여론조사를 뜻하는 'poll'을 바꿔 끼워넣은 것이다. 여론조사 결과가 들쭉날쭉함을 비꼬는 단어이다.

폴러코스터는 원래 1992년 미국 대통령 선거전에서 정치평론가들이 만들어 통용시킨 말이다. 1992년 미국 대선 2주 전 월스트릿 저널과 ABC 방송사 합동 여론조사에서 클린턴 후보가 19%포인트 (P) 앞서는 것으로 나타났지만, 다른 여론조사들에서는 클린턴의 우세가 그 반 정도로 나왔다. 선거 1주 전 CNN과 USA 투데이가 공동으로 의뢰한 갤럽의 여론조사에 따르면, 클린턴 후보는 단지

2%P만 앞서고 있었으나 적어도 4개의 다른 전국 여론조사에서는 클린턴의 우세가 7~11%P로 나왔다. 이렇듯, 폴러코스터는 다른 나라에서도 발생하고 있는 현상이다.

같은 시기에 실시된 여러 여론조사기관들의 조사 결과 보도를 접하고 고개를 갸웃거린 경험이 있는 독자들이 적지 않을 것이다. 보도기관에 따라 조사 결과가 차이가 나는 경우는 따로 실례를 들 필요도 없을 만큼 많다. 동아일보는 2007년 6월 30일자에서 이 문제를 길게 다루고 있다. 비슷한 시기에 국내 유수의 여론조사 전문기관 5곳이 발표한 이명박−박근혜 후보 간 지지도 격차는 다음과 같이 나타났다. 리서치앤리서치(R&R) 12.7%포인트(P), 한국사회여론연구소(KSOI) 11.7%P, 미디어리서치 14.9%P, 중앙일보 조사연구팀 5.1%P, 글로벌리서치 4.4%P. 동아일보 기사는 "그야말로 들쭉날쭉하다"고 의문을 제기한다. 그런데 사실 이러한 기사는 선거철이면 한두 번은 반드시 등장하는 탓에 대부분의 독자들에게 익숙하다. 폴러코스터 현상을 다루는 기사에는 대개 원인을 진단하는 해설이 뒤따른다. 예컨대 "이런 조사 결과를 낳은 요인을 여론조사 전문가들은 대체로 설문 문항의 차이에서 찾는다"라고 해설을 덧붙이는데, 이 보도 양식format마저 독자들에게는 익숙한 실정이다.

몇 가지 예를 더 들어보자. 우선 〈표 1〉은 2007년 대선을 앞두고 두 여론조사기관이 같은 날인 10월 15일 실시한 조사 결과이다(그 다음날인 16일에 보도되었음).

이 책에서 조사기관의 이름은 특정 회사를 의도적으로 비판한다는 오해를 피하기 위하여 영문 이니셜로 표기함을 미리 밝힌다. 두

〈표 1〉 2007년 대선 후보 및 정당 지지도

조사 기관	후보 지지도(%)			정당 지지도(%)			
	이명박	정동영	문국현	한나라당	대통합민주신당	민노당	민주당
R (CBS 의뢰)	51.9	20.2	8.7	52.2	25.1	5.2	3.3
D (문화일보 의뢰)	56.2	15.7	4.9	42.2	12.4	7.0	7.2
지지도 격차(%P) (R−D)	−4.3	4.5	3.8	10.0	12.7	−1.8	−3.9

조사의 표본오차부터 짚어보자. R조사는 ±4.4%P이고, D조사는 문화일보 인터넷 판에 표본오차 관련 정보 없이 보도되었는데 표본이 1,000명이었다면 최대 ±3.1%P로 볼 수 있다.[6] 두 조사 간 유력 후보별 지지도 격차크기(R조사와 D조사 결과의 차이 절대값)는 이명박의 경우 4.3%P, 정동영 4.5%P이다. 표본오차를 감안하면 두 후보의 경우 모두 용인할 수 있는 수준이라고 주장하는 사람도 있을 것이다(두 조사의 표본오차 합인 7.5%P보다 작으므로). 하지만 조사 결과를 조금만 더 깊이 들여다보면 표본오차를 내세워 두 조사 결과가 일치한다고 주장하기 어렵게 되어 있다. R조사 기관에서 이명박, 정동영 두 후보 사이의 지지도 격차는 31.7%P (51.9−20.2)로 나타나는 데 반해, D조사기관에서는 지지도 격차가 40.5%P(56.2−15.7)에 달한다. 두 후보 간 지지도 격차가 조사

---

6) 표본오차 개념은 나중에 자세히 다룬다. 여기서는 다만 표본오차란 조사의 정확성을 평가할 때 용인되는 폭의 오차 수준이라고 이해하면 된다.

에 따라 8.8%P(40.5-31.7)나 차이가 나는 것이다. 이는 표본오차 범위(두 조사의 표본오차 합)인 7.5%P를 넘어서는 수준이다.

두 조사 간 괴리는 정당 지지도 부분에서 더욱 뚜렷이 드러난다. 한나라당의 경우 10%P(52.2-42.2), 대통합민주신당의 경우 무려 13%P(25.1-12.4)에 육박하고 있다. 표본오차 범위를 훌쩍 뛰어넘는 수준이다. 정당 지지도는 정의상 특정 정당에 대한 '심리적 연계psychological attachment'를 일정 부분 포함한다. 정당에 대한 지지는 그 정당이 표방하는 한두 가지 정책이나 그 정당에 소속된 한두 명의 정치인이 아니라, 그러한 정책이나 정치인을 담고 있는 그릇 자체에 대한 지지를 뜻하는 것이다.

한 개인이 어느 정당을 지지한다고 하면 그것은 그 정당과 한두 번에 걸친 단발성 경험(예컨대 그 정당의 특정 정책에 공감했다든지, 그 정당이 공천한 후보에게 한 번 투표했다든지 하는)에 토대를 둔 것이 아니다. 정당 지지는 비교적 짧지 않은 기간 동안 반복되는 경험을 축적하는 과정 속에 이루어지며, 어느 정도의 심리적 유대를 수반한다. 그런 만큼 정당 지지는 단기간에 소멸하는 것도 아니다. 예를 들면 국회의원 선거전략 수립에는 지역구 판세분석이 필수적인데, 지역구 내 동별 정당 지지도 분포가 판세를 분석하는 가장 중요한 지표 가운데 하나가 되는 것도 정당 지지에 내포되어 있는 안정적stable인 성격 때문이다.

그러한 안정적인 성격을 놓고 볼 때, 정당 지지도는 개별 정치인이나 후보에 대한 지지도보다 비탄력적, 즉 시간의 경과에 따른 변동의 폭이 작을 것으로 기대된다. 정당 지지의 비탄력성은 이명박 대통령 취임 이후 한나라당 지지도와 이명박 대통령 지지도 변동

폭을 비교해보면 쉽게 확인할 수 있다. 따라서 정당 지지도란 여야의 대립에서건, 선거 경쟁에서건 이미 주어진 구조적 조건의 하나로 보아도 된다. 구조를 이루고 있는 조건이 조사 기관에 따라 10%P 이상 상이하게 나타난다면 해당 여론조사들의 품질을 의심하는 근거가 되기에 충분하다.

다음으로, 2008년 8월 하순의 경우를 살펴보자. 〈표 2〉는 4개 여론조사기관에서 내놓은 조사 결과이다.

〈표 2〉 이명박 대통령 국정운영 지지도 및 정당 지지도(8월 하순)

조사기관	대통령 지지도(%)	정당 지지도(%)	
		한나라당	민주당
G (조선일보 의뢰)	24.1	38.2	16.2
H (서울신문 의뢰)	31.2	35.1	17.8
K (자체 정례조사)	24.8		
R (CBS 의뢰)	35.2	35.5	22.8

※ K조사기관은 주례 조사를 실시하나 정당 지지도는 격주 단위로 조사함. 정당 지지도는 이번 주 조사에 포함되지 않았음.

G조사기관과 H조사기관은 8월 23일 같은 날 조사를 실시하였고, K조사기관과 R조사기관은 비슷한 시기인 21일에 조사 결과를 발표하였다. 거의 같은 시기에 실시된 조사들이지만 결과는 차이가 많이 난다. 대통령 국정 지지도는 최저 24.1%에서 최고 35.2%까지 격차가 무려 11%P에 이른다.

문제는 이러한 예가 비일비재하다는 사실이다. 다시 그로부터 10일 후인 9월 3일 같은 날에 발표된 세 조사기관의 여론조사 결과를 비교해보자.

<표 3> 이명박 대통령 국정운영 지지도 및 정당지지도(9월 초순)

조사기관	대통령 지지도(%)	정당 지지도(%)	종교별 대통령 국정 지지도(%)
H (경향신문 의뢰)	32.8	한나라당 (28.7) 민주당 (12.1)	기독교신자 (45.0) 불교신자 (33.3) 천주교신자 (29.0) 무종교그룹 (26.2)
K (자체 정례조사)	20.2 (전주 대비 9.0%P 하락)		
R (CBS 의뢰)	27.5 (전주 대비 1.6%P 하락)	한나라당 (30.6, 전주 대비 9.4%P 하락) 민주당 (21.1, 전주 대비 1.4%P 상승)	기독교신자 (29.9) 불교신자 (27.4) 천주교신자(17.4)

※ K조사기관은 이번 주에도 정당 지지도는 조사하지 않았음. 참고로, K 조사기관의 8월 13일 조사에서는 한나라당 37.0%, 민주당 16.5% ; 8월 25일 조사에서는 한나라당 39.6%, 민주당 17.4% ; 9월 10일 조사에서는 한나라당 37.1%, 민주당 16.9%로 나타났음. 8월 13일에서 9월 10일까지 4주간에 걸쳐 양당 모두 지지도에 거의 변화 없이 동일한 수준을 유지하고 있는 것으로 나옴.)

여기서도 마찬가지이다. 대통령 국정 지지도는 조사기관별로 최대 12.6%P까지 차이가 난다. 혼란스럽다. H조사기관의 대통령 지지도는 10일 전과 비교해 동일 수준에 머무르고 있다. 다른 조사들에서 포착되고 있는 베이징 올림픽 이후 지지도 하락추세를 제대로 반영하지 못하는 조사 결과라는 생각이다. 〈표 2〉(8월 하순 조사)의 G조사기관 조사에서 나타난 한나라당 지지도와 대통령 지지도의 격차(38.2-24.1=14.1%P)에서 볼 수 있듯이, 미국 쇠고기 파동을 거치며 대통령 지지도가 한나라당 지지도에 비해 크게 뒤처진 것이 그동안의 일반적 추세였다. 그런데, 9월 초순에 발표된 H조사기관의 조사결과에서는 대통령 지지도가 한나라당 지지도를 오히려 앞서는 것으로 나온다. H조사기관의 조사가 대통령 지지도 하락추세를 제대로 반영하고 있지 못하다는 의심을 더욱 굳혀주는 대목이다.

정당 지지도도 혼란스럽기는 매일반이다. 우선 민주당은 조사기관별로 차이가 크다. 그러면 이제 다른 조사기관의 결과는 신뢰할 만한지 살펴보자. 보도에 따르면, R조사기관의 관계자는 한 주일 만에 한나라당 지지도가 9%P 이상 급락한 이유를 감세정책과 대운하 논란의 확산에서 찾고 있다. 납득하기 어려운 설명이다. 그러한 논란이 실제로 국민의 여론을 크게 흔들었다면 한나라당 지지도뿐만 아니라 대통령 지지도에도 반영되어야만 한다. 위에서 정당 지지도는 대통령 지지도에 비해 덜 탄력적이라는 점을 지적했다. 이 점을 고려하면 대통령 지지도도 한나라당 지지도처럼 적어도 9%P 정도는 급락해야 하는데, 불과 1.6%P만 하락했다(실제로 K조사기관의 조사에서 정당 지지도는 8월 13일부터 9월 10일에 걸친 4주 동안 동일한 수준에서 유지되고 있고, 오히려 대통령 지지도가 전주에 비해 9.0%P 빠진 것으로 나타났다). R조사기관의 관계자는 감세나 대운하 논란은 당이 아니라 정부 쪽이 진원지였음에도 왜 한나라당의 지지도만 선택적으로 크게 빠졌는지에 대해서는 눈감고 있다.

한편, 〈표 3〉에서 한눈에 읽을 수 있듯이 두 조사기관(H와 R) 간 종교별 대통령 지지도에서도 표본오차를 훨씬 뛰어넘는 현격한 차이가 나타난다. 불교계와 청와대의 갈등은 상당 기간 지속되었고 언론에서도 자주 다루었기 때문에 사회적으로 부각되어 있는 이슈였다. 이러한 당시 상황에서 기독교신자 그룹과 불교신자 그룹 간 대통령 지지도에 차이가 없거나, 불교신자의 대통령 지지도가 한나라당 지지도보다 높게 나오는 것도 선뜻 받아들이기 어려운 부분이다.

폴로코스터 문제의 핵심은 여론조사의 정확성, 나아가 신뢰성을 의심케 하는 증거가 된다는 점이다. 널뛰기식의 조사 결과는 앞의 표에서 예로 든 2008년에만 국한되지 않는다. 2009년 사례로 저자의 기억에 선명하게 각인되어 있는 두 경우를 간단히 짚어보겠다. 2009년 8월 26일 광역단체장을 대상으로 하는 주민소환 투표가 제주도에서 실시되었다. 광역단체장을 대상으로 한 최초의 주민소환 투표였다. 현행 주민소환제법은 투표권자의 3분의 1 투표와 투표자의 과반수 찬성으로 소환, 곧 해임을 확정한다. 투표율이 33.3%에 미달이면 주민소환은 투표함 개봉조차 없이 바로 종료된다. 당연히 투표율이 얼마나 나올지에 많은 관심이 쏠리게 된다.

인터넷 신문 오마이뉴스는 8월 21일 자사가 의뢰한 K조사기관의 제주지사 주민소환 투표 관련 조사 결과를 보도하였다. '투표에 반드시 참여하겠다'는 응답이 48.0%, '아마도 투표에 참여할 것'이라는 응답이 19.7%로 투표참여 의사층 비율이 67.7%에 이른 것으로 나타났다. 그렇다면 실제 투표율은 어땠을까? 11.0%에 불과하였다. 투표참여 의사를 묻는 질문에 대한 응답은 늘 실제 결과보다 높게 나오기는 한다. 투표는 참여하는 것이 바람직하다는 생각이 보편적 상식으로 통하기 때문에 본인의 실제 마음과는 달리

'모범답안'을 골라 응답하는 사람이 많은 탓이다.[7] 이 점을 감안하고 제주 지역의 특수성을 고려하더라도, 실제 결과 11.0%와 조사 결과 48.0%(투표참여 가능층을 '반드시 참여하겠다'는 응답자로만 한정해서 해석)의 간극은 여전히 너무 크다.

두 번째 사례는 2009년 4월 29일에 실시된 국회의원 재보선이다. 그 중에서 경주 선거 하나만 살펴보자. 한나라당 정종복 후보와 '친박 무소속'을 표방한 정수성 후보가 벌인 승부였다. 이때도 많은 여론조사 보도가 이어졌는데, 일부 언론사 보도에서는 정종복 후보가 15%P 이상 앞서는 것으로 나왔다. 실제 결과는 정수성 후보가 45.9%를 얻어 정종복 후보(36.5%)를 9.4%P 차이로 여유 있게 눌렀다.

재보선은 투표율이 매우 저조(지난 5년간 대체로 30% 이하)하여 사실 결과를 예측하기 어려운 측면이 있다. 소수의 투표참여자들이 다수의 불참자들과는 뚜렷이 구별되는 성향과 특징, 투표동기 등을 가지고 있을 개연성이 높아 유권자 전체를 대상으로 하는 여론조사 결과가 빗나가기 쉬운 때문이다. 그런데 이번 경주 재보선의 투표율은 53.8%로 18대 총선(2008년 51.9%) 때보다도 더 높았다. 조사 결과가 크게 빗나간 것을 저조한 투표율에 기대어 변명할 수도 없는 사례이다.

주민소환이나 재보선이 결과 예측에서 구조적으로 어려운 측면

---

7) 이 때문에 투표율 예측은 어려운 과제에 속한다. 조사 전문가들은 '반드시 참여하겠다'는 응답자만을 실제 투표참여 가능성이 있는 사람들로 보고, '반드시 참여하겠다'는 응답자의 비율마저도 15~20%P 정도를 에누리하여 투표율을 예측하는 편이다.

이 있다면, 정규 총선은 어떨까? 유감스럽게도 폴러코스터는 총선이라고 다를 바 없다. 2008년 4월 9일에 실시된 총선을 간단히 살펴보자. 2008년 4월 5일, 동아일보가 "지지율 순위-격차 조사기관 따라 들쭉날쭉"이란 제목 아래 조사기관별로 1, 2위 순위가 바뀌거나 편차가 큰 선거구 사례를 정리한 기사를 보도했다.[8] 그 사례들의 일부만 인용해보면, 서울 구로갑 선거구는 4월 2일 코리아리서치센터(KRC) 조사에서 한나라당 이범래 후보가 39.4%로 통합민주당 이인영 후보(39.2%)를 불과 0.2%P 차이로 앞서는 것으로 나타났다. 그러나 같은 날 한국갤럽 조사에서는 이인영 후보가 41.9%로 이범래 후보(32.4%)에게 표본오차를 넘어서는 9.5%P 차이로 앞서는 것으로 나왔다. 경북 안동은 3월 31일 KRC 조사에서 한나라당 허용범 후보(31.5%)와 무소속 김광림 후보(29.7%) 간 격차가 1.8%P로 나타났다. 하지만 4월 1, 2일 중앙일보 자체 여론조사에서는 김광림 후보(38.3%)가 허용범 후보(26.7%)를 무려 11.6%P 차이로 이기는 것으로 조사되었다. KRC가 4월 2일에 조사한 서울 중랑갑에서는 한나라당 유정현 후보가 33.1%로 무소속 이상수 후보(25.3%)를 7.8%P 차이로 앞섰다. 반면 글로벌리서치의 4월 1, 2일 조사에서는 이상수 후보(30.7%)가 유정현 후보(22.5%)를 8.2%P 앞서는 것으로 나타났다.

　동아일보 기사와 비슷한 시기에 다른 언론사들도 총선 여론조사의 폴러코스터를 일제히 다루었다. 폴러코스터가 그만큼 심각하였

---

8) 동아일보 홈페이지에서 "지지율 순위-격차 조사기관 따라 들쭉날쭉"이란 제목으로 기사 검색을 하면 사례 전부를 확인할 수 있다.

음을 입증하는 대목이다. 예컨대 조선일보는 "가도가도 안개속"이란 제목으로 같은 날 또는 하루 이틀 사이에 실시된 여론조사가 조사기관마다 크게 달리 나타나는 문제를 언급하였다(4월 4일자). 중앙일보도 "여론조사 1위 제각각, 왜 이런 일 벌어질까"라는 제목의 기사를 내보냈으며(4월 5일자), 연합뉴스도 "격전지 판세, 조사마다 널뛰기"라는 제목으로 폴러코스터를 다루었다(4월 4일자).

그렇다면, 출구조사exit poll는 폴러코스터에서 자유로운가? 출구조사는 가장 정확한 여론조사로 알려져 있다. 응답이 불과 몇 분전의 행위에 대한 기억을 되살리는 것이므로 기억상실에서 오는 오류가 없고, 조사원에게 직접 응답할 필요도 없으며(조사원에게 구두로 응답하는 대신 투표하듯이 응답할 수 있음), 질문이 단순하고 질문 문항 수도 몇 개 되지 않는 등의 특징이 있기 때문이다. 그럼에도 출구조사 역시 조사기관별로 들쭉날쭉하기는 마찬가지이고, 정확성 면에서 신통치 않기도 일반 총선 여론조사와 큰 차이가 없다.

조선일보는 2000년 4월 15일에 '기자수첩'이란 기명칼럼의 제목을 "출구조사 전과 2범"으로 뽑았을 정도이다. 2004년 총선에 이어 2008년 총선 개표방송 이후에도 KBS, MBC, SBS 방송 3사는 예측이 크게 빗나간 데 대하여 대국민 사과를 반복하였다. 2007년 대선 때도 마찬가지였다. 이제 출구조사는 '전과 5범' 쯤 되는 셈이다. 이렇듯 선거 여론조사까지 들먹이면 우리나라의 폴로코스터가 심각한 수준이라는 데 이견을 제시할 여지조차 남지 않게 된다.

폴러코스터 현상은 동일한 여론조사기관의 추이조사tracking poll, 추적조사라고도 함에서도 발견된다. 이를테면 동일한 조사기관의 주별 정례조사에서 대통령 국정운영 지지도나 정당 지지도 수치가 널을 뛰듯 부침이 심한 경우를 볼 수 있다(예컨대 대통령 국정운영 지지도가 16%에서 25%로 급등, 혹은 정당 지지도가 46%에서 32%로 급락). 물론 조사를 수행한 기관에서는 한 주 동안 정치권에서 펼쳐진 논란, 정책결정, 이벤트, 사건, 사고 등에서 급격한 지지도 변동의 원인을 찾아 분석으로 내놓는다. 그러나 설명이 충분치 못하다는 느낌을 지우지 못할 때가 적지 않다. 우선, 한 주일 만에 10%P를 뛰어넘는 지지도 급등락이 나타났다면 국민의 이목을 집중시킬 만큼 충격적인 일이 일어났어야 마땅한데, 급등락의 원인으로 지목된 일들이 변동 폭을 뒷받침할 만큼 충격적이지 않다는 점에서 그렇다.

여기서 잠시 옆길로 빠져, 추이조사에서 지난주에 비하여 변동이 있다면 그것을 무조건 정치권에서 일어난 일에 기계적으로 연동시켜 설명하려는 시도에 대해서도 따져보도록 하자. 그러한 시도는 기본적으로 두 가지 암묵적 전제를 깔고 있는 것으로 보인다. 첫째, 조사가 매우 정확하여 신뢰할 만하다. 둘째, 국민은 정치권에서 벌어지는 일들을 실시간으로 평가하며 지낼 만큼 정치에 많은 관심을 기울이고 있다. 이 전제를 살펴보자. 국민은 정치권을 예의주시하며 살고 있다? 동의하기 어렵다. 국민은 대체로 정치에 대한 관심이 낮다는 주장이 오히려 우리의 상식에 부합한다.

정치 무관심의 원인은 나라마다 또는 문화권마다 다를 수 있지만, 적어도 현상으로서는 우리나라나 다른 나라 할 것 없이 대동소이한 실정이다. 많은 전문가들이 자주 언급하는 정치 무관심의 원인을 잠깐 소개하면, 우선 정치는 대부분의 국민에게 멀리 있는 세계remote world여서 예의주시할 대상으로 여겨지지 않는다는 것이다. 국민의 눈에 정치는 당장 먹고사는 일과 직접 관련이 없는 것, 높은 양반들이 자기들끼리 어딘가에 모여서 뭔가 쑥덕공론을 벌이는 것으로 보인다. 이와 함께 이런저런 이유로 쌓여온 정치인들에 대한 혐오도 국민의 눈을 정치로부터 돌려놓고 있다. 정치 무관심 현상은 각종 선거의 투표율만 보더라도 쉽게 확인할 수 있다. 우리나라도 이제 총선조차 투표율이 50% 턱걸이 수준이다. 그리고 지자체 단체장 주민소환은 해당지역에서는 초미의 현안이지만, 이마저 투표권자 1/3 투표율(33.3%) 요건에 걸려 개표 절차도 없이 자동으로 부결되는 지경이다(경기도 하남시장, 제주지사).

국민은 정치권의 기온 변화에 실시간으로 예민하게 반응하는 온도계 같은 존재가 아니다. 이쯤에서 잠시 독자 여러분도 자신을 돌아보기 바란다. 지난 한 주 동안 정치권에서 벌어진 일들에 관심을 기울여 의미를 부여했으며, 그러한 의미부여에 기초하여 대통령이나 여당, 정부에 대한 자신의 평가를 갱신update했는가? 어떤가? 국민은 정치에 관심이 높지 않은 편이고, 정치권에서 벌어지는 일들에 실시간으로 민감하게 반응하는 성능 좋은 온도계가 아니라는 인식에 동의할 수 있는가? 국민을 한편으로는 정치에 대해 무관심하다고 나무라면서, 다른 한편으로는 정치권에서 벌어지는 일들에 예민하게 반응하는 존재로 상정하는 것은 모순이 아닐 수 없다.

추이조사 결과가 지난주에 비해 변동이 크지 않을 때, 이를테면 대통령 지지도나 정당 지지도가 2~3%P 정도의 변동(예컨대 20%에서 22~23%로 상승)을 보여도 의미를 부여하여 해석하는 경우를 종종 본다. 작은 변동에도 예외 없이 정치권에서 펼쳐진 논란이나 정책결정, 이벤트, 해프닝 등에서 원인을 찾아 설명하려는 시도는 정치에 대한 국민의 관심이 높지 않다는 현실과 서로 부딪친다. 2~3%P는 소폭 변동이라고 할 수 있는데, 이 정도 등락이라면 많은 국민의 이목을 집중시킬 만큼 충격적인 일이 필요한 것은 아니다. 조사기관에서도 지난주에 일어난 한두 가지 소소한 일들을 등락의 원인으로 제시할 수밖에 없는 경우가 대부분이다. 하지만 원래 정치에 관심이 많지 않은 국민이 그 소소한 일들에 주의를 기울이며 살아간다고 기대하기는 어렵다. 그렇다면 2~3%P 등락은 국민 여론의 변화라고 보기보다는 여론을 측정하는 과정에서 비롯된 차이(예컨대 조사를 맡은 면접원들이 지난주와 다른 사람이라든지, 조사가 지난주보다 다소 빨리 끝났다든지)를 반영한다고 보거나, 아니면 표본오차를 고려하여 실제로는 지지도에 변화가 없다고 보아야 옳은 해석일 것이다.[9] 대통령 지지도가 지난주 21.0%에서 이번 주에 23.3%로 2.3%P 오른 것으로 조사되었다면, "대통령 국정운영 지지도는 전주와 비교해 거의 동일하게 20% 초반 수준에 머무르고 있다"라는 식으로 해석하는 것이 바람직하다.

조사기관이 자신의 추이조사 결과에 나타난 크고 작은 변화에 일일이 이유를 찾아 의미를 부여하려고 의욕을 보이는 것 자체에 시비 걸고 싶은 마음은 없다. 그러나 앞에서 살펴본 국내외 폴러코스터 사례가 시사하듯이 어느 조사기관도 조사의 정확성에 100% 확신을 실어 내놓기가 어렵다. 이는 아마 여론조사업이 앞으로도

---

9) 통상의 1,000명을 표본으로 한 조사라면 표본오차는 95% 신뢰수준에서 최대 허용 ±3.1%P정도가 되므로 2~3%P는 실제로 표본오차 구간 내에 속하는 크기이다.

안고 가야 할 숙명적 속성일 것이다. 여론조사업에 내재한 이러한 한계와 더불어 정치에 대한 국민의 무관심까지 함께 작동하는 상황이다. 이와 같은 현실에서 작은 변동조차 굳이 이유를 찾는 것은 조사품질에 대한 확신을 보여주지 않으면 안 된다는 일종의 강박이 아닌가 싶다. 아니면 그러한 시도는 대부분 전형적인 '포스트 혹post hoc' 사례로 '억지로 끼워 맞추기'를 의미할 수도 있다.[10]

2) 폴러코스터의 발생 이유

그렇다면 폴러코스터 현상은 어떤 이유로 발생하며 그 의미는 무엇일까? 여론조사 기관들은 조사 결과가 들쭉날쭉한 데 대하여 이런저런 설명을 내놓는다. 여론을 측정하는 도구instrument인 설문지상의 차이, 다시 말해 질문 문구wordings, 질문에 "잘 모르겠다" 또는 아예 답을 하지 않는 응답자 처리(재질문 여부), 질문 문항 위치 등의 차이가 조사 결과의 차이로 이어졌다는 해명이 주종을 이룬다. 설문지상의 차이가 조사 결과의 차이를 낳는다는 설명이 틀린 것은 아니다. 이를테면 "선생님께서는 이번 대통령 선거에 출마한 후보 가운데 어느 후보를 가장 좋아하십니까?", "어느 후보가 당선되는 것이 가장 좋다고 생각하십니까?", "내일 당장 선거가 있

---

10) post hoc은 전후관계와 인과관계를 혼동하는 오류를 뜻하는 라틴어 논리학 용어. "post hoc, ergo propter hoc"이라는 말은 "이러한 일이 일어났고, 그래서 그것 때문에"라는 뜻임. A라는 일이 발생하고 가까운 시간 내에 B라는 일이 뒤따라 일어난다면 흔히 A가 B의 원인이라고 추정하나, 두 사건 간 발생의 시간적 순차성이 반드시 원인과 결과의 인과관계를 보장하지는 않는다는 의미.

다면 어느 후보에게 투표하시겠습니까?"는 모두 '가상대결match-up' 문항이지만 사실은 저마다 조금씩 다른 내용을 묻고 있다. 그럼에도 후보 지지도라는 동일한 항목으로 분석, 보도되므로 조사 결과에서 차이가 나기도 한다.[11]

　그러나 설문지사의 차이는 조사 결과의 차이 일부분만 설명할 뿐이다. 이 주장을 뒷받침하는 실증적 자료로 2002년 노무현-정몽준의 대선 후보 단일화 조사 결과를 참조하기 바란다. 당시 조사를 맡았던 두 회사의 결과는 다음과 같았다. 리서치앤리서치 : 노

---

11) 대선을 앞두고 언론에 보도되는 가상대결 결과에 대해서는 종종 설왕설래가 많다. 여론조사의 기술적인 측면에서 보면 당연히 그럴 수밖에 없는 일이다. 가상대결과 관련해서는 기술적으로 다소 복잡한 논의거리가 있다. 가상대결은 흔히 응답자들에게 출마가 예상되거나 출마한 후보들이 이름을 불러주고, (a) 어느 후보를 더 좋아하는지, (b) 어느 후보가 당선되는 것이 좋다고 생각하는지, 혹은 (c) 어느 후보가 가장 낫다고 생각하는지, (d) 내일 당장 선거가 있다고 가정할 때, 어느 후보에게 투표할 것인지 등을 묻는 방식으로 이루어진다. (a), (b), (c), (d) 질문은 모두 가상대결에 해당하지만, 엄밀하게 말하면 조금씩 다른 내용을 묻고 있다. 보다 쉽게 설명하기 위해 태도attitude 개념의 고전적 정의를 예로 들어 살펴보면, 태도는 감정feeling, 감성적 평가, 생각belief, 이성적 평가, 행위의지behavioral intention, 행위 연계적 평가의 세 요소로 구성된다. (a), (b), (c), (d) 질문은 저마다 응답자가 후보에 대해 가지고 있는 태도의 다른 측면들을 평가한다고 보아야 한다. (a)는 감정 측면의 태도를, (b)와 (c)는 생각 차원의 태도를, (d)는 행위로 이어져 표출되는 태도를 묻는다. 따라서 모두 가상대결에 속하는 질문이지만 조사결과는 다르게 나올 수 있다.
간단한 예로 지난 2002년 대선을 생각해보자(2002년 대선이 2007년 대선보다 예로 들기 더 적합하다). 노무현 후보를 더 좋아하지만, 능력이나 자질을 놓고 볼 때 이회창 후보가 대통령이 되는 것이 더 낫다고 생각하는 사람이 없지는 않았을 것이다(물론 그 반대의 경우도 마찬가지이다). 이런 사람들은 (a) 질문에는 '노무현', (b) 질문에는 '이회창'으로 다르게 응답하게 된다.

무현 46.8% 대 정몽준 42.2%, 월드리서치 : 노무현 38.8% 대 정몽준 37.0%. 두 회사 간 질문 문구, 질문 순서, 재질문 방식 등 설문지 구성이 일치하도록 매우 높은 수준으로 통제가 이루어진 조사였다. 그럼에도 두 회사가 내놓은 결과는 표본오차를 뛰어넘는 차이(두 조사 간 노무현 후보의 지지도 격차는 8%P)를 나타냈다.

매주 여론조사를 정례적으로 실시하는 조사기관들이 있다. 이들 조사기관은 여론 추이를 정확하게 읽어내기 위해 질문 문구나 순서, 무응답 처리 등 설문지 구성을 동일하게 하려고 애쓴다. 하지만 주간 정례조사 결과는 국민의 이목이 쏠릴 만한 정치적 논란이

그렇다면 네 가지 질문 방식 중 어느 것이 가장 나은가? 이 물음에는 정답이 없다. 조사 목적, 조사 시기 등을 고려해야 하기 때문이다. 언론홍보용인지, 판세분석용인지, 선거전략 수립용인지 등 목적에 따라 후보의 성격을 고려하여 선택하면 될 것이다. 조사 시기도 변수이다. 선거에 임박해서는 (d)의 질문(행위 의지) 방식이 더 객관적일 수 있다.
무응답자 또는 미결정자의 처리도 가상대결 결과에 영향을 미칠 수 있는 변수이다. 좋아하는 후보나, 더 낫다고 생각하는 후보나, 투표하겠다는 후보를 말하지 않는 응답자에게 재질문(이를테면 "그래도 마음이 조금이라도 더 기우는 후보는요?", "그래도 조금이라도 더 낫다고 생각하는 사람은요?", 또는 "그래도 찍어줄 것 가능성이 조금이라도 더 있는 후보는요?")을 하지 않고 바로 다음 질문으로 넘어갈 수도 있다. 한 번 더 재질문을 한 뒤 다음 질문으로 넘어갈 수도 있고, 응답을 쥐어짜느라squeez 재질문을 두 번 반복할 수도 있다. 재질문을 하지 않은 조사와 재질문이 포함된 조사 간에 결과에서 어떤 차이가 날지 독자 여러분 스스로 생각해보기 권한다. 2002년, 대선을 6개월도 훨씬 더 남겨 둔 시점에서 무응답층이 7% 가량 나오는 것으로 발표된 언론사 조사를 기억하고 있다. 대선을 불과 2주 정도 앞둔 시점에서조차 투표할 후보를 결정하지 못한 유권자들이 10%는 훨씬 상회한다고 보아야 현실을 정확하게 인식하는 것일 터이다. 언론사 여론조사가 후보 캠프에서 실시하는 조사처럼 전략수립 목적을 지닌 것도 아닌데 과도하게 재질문을 하였다는 인상을 지울 수 없었다.

나 해프닝 없이도 일주일 전과 비교하여 급등락을 나타내기도 한다. 이러한 사례 역시 설문지 구성상의 차이는 조사 결과의 차이를 낳는 주된 원인이 아닐 가능성이 높다는 주장을 뒷받침하는 방증이 된다. 오늘 당장 10개 조사기관에 의뢰해 모든 면에서 완벽하게 동일한 설문지를 사용하는 여론조사를 실시한다면, 저자는 조사 결과가 들쭉날쭉(적어도 몇몇은 표본오차 범위를 넘어설 정도로 심하게)할 것이라는 데 주저 없이 내기를 걸 용의도 있다.

  그러면, 우리나라의 폴러코스터 현상은 어디에서 원인을 찾아야 할까? 그것은 조사기관들이 드러내고 싶어하지 않는 곳에 감추어져 있다. 설문지가 아니라 조사 응답자 선정, 곧 표본추출sampling과 관련한 방법상의 부실을 의심해야 한다는 것이 저자의 판단이다. 널리 알려져 있는 것처럼, 우리나라 전화 여론조사는 대부분 하루 만에 완료된다overnight poll. 이러한 조사 관행은 시간에 쫓길 수밖에 없으므로 '재전화 없는 할당표집no-call-back quota sampling' 방법을 채택하게 된다. 재전화 없는 할당표집이란 조사원이 조사 대상으로 선정된 전화번호에 전화를 걸어 수화기를 드는 사람을 상대로 성·연령을 확인하고(지역은 전화를 걸 때 이미 알고 있기 때문에 확인할 필요 없음), 성·연령별로 할당받은 만큼 응답자 수를 채워나가는 방식으로 진행하는 조사를 말한다. 전화를 받지 않거나 통화 중인 번호, 조사를 거절한 번호는 재전화 없이 바로 다른 번호로 대체하며, 할당받은 성·연령층에 해당되지 않는 사람이 전화를 받으면 그 번호도 바로 조사대상에서 제외하고 다른 번호로 대체한다(표본추출 방법에 대해서는 나중에 자세히 논의할 것임).

이러한 표본추출 방법은 무엇보다 낮은 응답률로 이어지는 문제점을 안고 있다(응답률에 관해서도 나중에 자세히 언급할 것임). 수화기를 드는 사람만을 대상으로 삼는 재전화 없는 할당표집 방법과 그에 따르는 낮은 응답률은 표본의 모집단 대표성을 심각하게 훼손한다. 이는 우리나라 조사회사 모두에 공통으로 해당되는 문제이다. 모든 조사회사가 나름대로 표본의 대표성 문제를 안고 있다면 그들의 조사 결과 역시 예외 없이 문제로부터 자유로울 수 없다고 보아야 할 것이다. 따라서 폴러코스터 현상을 두고 특정 회사들은 정확한데, 몇몇 다른 회사들의 조사가 항상 문제라는 식으로 속죄양을 만들어 변명할 여지도 남아 있지 않다.

표본추출 방법상의 문제를 도외시한 채 폴러코스터의 원인을 주로 설문지 구성의 차이에서 찾는 것은 궁색한 해명이다. 조사기관들이 궁색한 해명으로 그치는 데는 아마 다음과 같은 이유가 있을 것이다. 첫째, 설문지는 조사기관마다 다르게 구성할 수 있지만 표본추출은 모두 동일한 방법을 사용하므로 조사 결과의 차이와 표본추출 방법을 연결시키기는 논리적으로 불가하다. 둘째, 해명은 조사의 정확성에 대한 의구심을 떨쳐내기 위한 것인데 표본의 대표성 문제를 거론하는 것은 조사에 문제가 있음을 자인하는 셈이 된다. 폴러코스터는 여론조사 결과란 조사기관이 어디인가를 따질 것 없이 항상 의심하는 눈으로 신중하게 점검한 후 에누리하여 받아들이는 것이 필요하다는 점을 깨우쳐준다. 이제 구체적으로 무엇을 의심하고, 어떻게 점검해야 하는지에 대해서 본격적으로 다루어 보도록 하자.

II. 표본추출 관련 오류
Sampling-Related Errors

지금부터는 여론조사의 오류라는 지뢰밭에 발을 내딛어 어떤 오류들이 지뢰처럼 매설되어 있는지 하나씩 살펴볼 차례이다. 먼저 표본추출과 관련 있는 오류sampling-related errors(이하 '표본추출 오류'라 부름)를 논의하도록 한다.

여론조사는 기본적으로 표본sample 조사이다. 즉 모집단population을 대표하는 적은 수의 표본을 선정하여 조사대상으로 삼는다. 여론조사는 이 표본조사 결과를 모집단 전체로 일반화하여 "모집단의 여론은 어떠어떠하다"라고 확대 유추한다.

잔칫날 손님들에게 대접할 육개장을 큰 가마솥에 끓이고 있다고 생각해보자. 간이 맞는지 보려면 가마솥 안 육개장을 몇 번 잘 휘저은 후 국자로 국물을 조금 떠서 맛을 본다. 이때 가마솥 안 육개장 전체는 모집단이고, 국자로 떠낸 국물은 표본이다. 간을 보았더니 싱거워서 간장을 더 넣어야 할 때도 있을 것이다. 다시 간을 볼 때도 간장을 넣은 후 국자로 여러 번 휘저어 간장이 솥 전체에 고루 퍼지게 한 다음 육개장 국물을 조금 떠내 맛을 본다. 그런데 다시 간을 볼 때 간장을 넣고 한 번도 휘젓지 않은 채 간장을 부은 바로 그 자리에 국자를 넣어 육개장 국물을 떠낸다면 어떻게 될까? 부어넣은 간장을 다시 떠낸 셈이니 당연히 간을 제대로 볼 재간이 없을 것이다. 이 경우 표본(국자에 담긴 국물)은 모집단(솥 안의 국물)을 제대로 대표하지 못한다. 그런데도 국물이 엄청나게 짜다고 물을 몇 바가지 더 붓는다면? 그날 육개장은 손님상에 오르지 못할 것이다. 이렇게 길게 비유를 드는 것은 여론조사에서 모집단을 잘 대표하는 표본을 추출해내는 것이 무엇보다 중요하다는 점을 강조하기 위해서이다.

이 책은 먼저 표본추출 오류를 네 가지 종류(① 표집틀 문제, ② 표본선정 문제, ③ 응답률 문제, ④ 표본오차 문제)로 나누어 살펴본다. 그 다음, 이 네 가지 문제에 대한 논의를 바탕으로 우리나라 여론조사의 표본이 모집단을 얼마나 잘 대표하는지 검토하는 기회를 가질 것이다.

1. 표집틀 문제

표본은 모집단 구성원을 담고 있는 리스트인 표집틀sampling frame로부터 추출된다(모집단→표집틀→표본). 우리나라의 모든 유권자를 대상으로 전화 여론조사를 실시한다고 할 때, 모집단은 '19세 이상 남녀'가 되고 표집틀로는 유권자명부를 비롯해 전화번호부 등을 들 수 있다.

표본은 모집단으로부터 직접 추출하지 않고 모집단을 어떤 형식으로든 정리해 놓은 표집틀(리스트)로부터 추출하므로, 표본조사 결과는 엄밀하게 말해 모집단 전체가 아니라 표집틀까지만 일반화되는 것이다. 따라서 모집단을 잘 대표하는 표본을 추출하려면 무엇보다 표집틀이 모집단 구성원을 충실히 담고 있어야 한다. 표집틀 문제는 표집틀이 모집단을 충실히 반영하지 못할 때 발생한다. 표본추출 작업에 사용되는 표집틀이 모집단 구성원 가운데 일부만을 포함하고 있다면 표본의 모집단 대표성은 자동으로 훼손되기 마련이다. 이 때문에 표집틀은 표본추출 오류의 원천이 될 수 있다.

표집틀 문제로 인한 왜곡된 여론조사의 유명한 예로 리터러리 다이제스트Literary Digest의 조사가 있다. 이 잡지는 1910~1930년대에 미국 대통령 선거 예측조사를 실시했는데, 1,000만 명 이상의 유권자들에게 설문지를 우송해 200만 명이 넘는 사람들로부터 응답을 받았다. 1936년 대통령 선거에서 민주당의 현직 루즈벨트대통령에 맞서 출마한 공화당 후보Alfred Landon가 압도적인 승리를 거둔다고 대대적인 예측 보도를 내보냈다(지금도 그렇지만 당시 부유층은 대체로 공화당을 지지했다). 문제는 그 잡지를 구독하는 사람과 전화나 자동차를 소유한 사람만을 표집틀에 포함시킨 것이었다. 이는 잡지를 구독하지 못하거나 전화나 자동차를 소유하지 못한 저소득층 유권자는 아예 표본에서 배제될 수밖에 없었음을 의미한다. 실제 선거는 루즈벨트의 압승으로 끝났고, 리터러리 다이제스트는 전국민의 망신거리가 되었다가 2년을 버티지 못하고 폐간하고 말았다.

전화번호부는 가장 광범위하게 사용되는 표집틀이다. 만약 30~40년 전에 우리나라 전화번호부를 표집틀로 사용해 유권자 전체를 대상으로 여론조사를 실시했더라면 그 표본은 모집단을 잘 대표하는 것으로 볼 수 있을까? 그때 당시에는 유복한 일부 가구만이 전화를 가지고 있었으므로 전화번호부는 유권자 전체를 대표하는 표본을 추출하기 위한 표집틀로는 문제가 있다고 보아야 한다. 당연히 조사 결과는 유권자 전체의 여론분포를 정확하게 포착할 수 없었을 것이다.

현재 전화 여론조사는 한국통신과 하나로통신 인명 전화번호부를 표집틀로 삼는다. 이 표집틀은 30~40년 전보다야 훨씬 충실하게 모집단을 반영하고 있지만 문제가 없는 것은 아니다. 고려대 허명회 교수는 현재 우리나라 총 가구 중 전화번호부에 등재된 가구는 57.2%에 그치는데다, 유선전화 없이 휴대폰만 사용하는 1인 가구가 늘어나는 추세라는 점을 지적하며 표집틀의 신뢰성에 우려를 제기한다(경향신문, 2007년 11월 15일자에서 재인용). 40%를 상회하는 가구가 여론조사의 대상에서 원천적으로 배제되고 있다는 사실은 결코 가볍게 넘길 일이 아니다.

2. 표본선정 문제

표본은 다른 말로 응답자라고도 불린다. 표본선정sampling 문제란 곧 응답자 선정 문제를 뜻한다. 표집틀로부터 응답자를 선정하는 방법은 크게 두 가지, 즉 확률표집probability sampling과 비확률표집non-probability sampling으로 구분된다. 확률표집이 표본의 모집단 대표성을 담보할 수 있는 방법이다. 확률표집은 무작위random로 이루어진 표본선정을 기본 요건으로 한다. 무작위 표본선정이란 (1) 모집단이 명료하게 정의된다, (2) 모집단의 각 구성원이 표본으로 선정될 가능성이 동일하다, (3) 표본선정이 독립적으로 이루어져야 한다(즉 어느 모집단 구성원을 표본으로 선정한 것이 다른 구성원을 표본으로 선정하는 데 아무런 영향을 미치지 않아야 한다) 등을 의미한다.

여기서 '무작위'란 용어가 중요하므로 부연설명이 필요한 듯하다. 무작위는 "주관적인 의지의 개입을 차단한 채 어떤 객관적인 방식에 따라"로 정의할 수 있다. '무작위 표본선정'은 조사란 '묻고 답하는 것'인데, 표본선정 과정에 묻는 사람(조사원, 보통 면접원이라고 부름)의 의지가 개입되지 않아야 하며, 답하는 사람(응답자 또는 표본)의 의지 역시 차단되어야 함을 뜻한다. 조사원이나 응답자의 의지가 개입된다면 그것은 '작위' 선정이 된다.

전화번호부 표집틀을 예로 들어보자. 무작위 표본선정이란 첫 번째 단계로 조사대상 전화번호를 추출하는 작업이 무작위로 이루어져야 하고, 그 다음 단계로 추출된 번호(가구)에 거주하는 여러 가구원 중에서 조사 응답자를 선정하는 것도 무작위로 이루어져야 한다는 것을 의미한다. 출구조사exit poll를 생각하면 이해하기가 쉽다. 저자가 2002년 대통령 선거 투표를 한 곳은 동네 우체국이었다. 투표를 마치고 나올 때 작은 상자를 들고 서있는 출구조사요원에게 조사에 응하고 싶다고 자원했다. 제대로 조사를 하는지 점검해보고 싶은 마음에서였다. 조사원은 "선생님은 하실 수 없습니다"라고 거절했다. 저자가 고약하게 생겨서가 아니라 투표장 출구를 나서는 매 일곱 번째 사람만을 대상으로 조사하기 때문에 그렇다는 설명이 뒤따랐다.[12] '일곱 번째마다'라는 객관적 선정기준을 채택한 결과 조사요원이 개인적으로 조사를 부탁하고 싶은 사람이라도 일곱 번째에 해당되지 않으면 응답자로 선정하지 못하였으며, 저자처럼 조사에 참여하고 싶다는 조사대상의 의지 또한 응

---

12) 일곱 번째라고 말했는지는 선명히 기억나지 않지만 그랬던 것 같다. 어쨌든 핵심은 '몇 번째마다'라는 기준에 맞춰 응답자를 체계적으로 선정했다는 것이다.

답자 선정에 개입할 여지를 남겨두지 않았던 것이다. 무작위 선정이 무엇인지를 잘 보여주는 예이다.

만약 전화를 걸어 수화기를 들고 응대하는 사람만을 대상으로 조사하면 어떤 문제가 발생할까? 가정주부나 노령층, 무직자 등이 주로 응답자로 선정될 것이다. 예컨대 20~30대는 활동성이 높아 낮에 집에 있는 사람이 적고, 귀가시간도 일정하지 않은 편이어서 전화에 응대할 가능성이 낮기 때문이다. 그런 만큼 표본의 대표성에 문제가 있을 가능성이 높다. 따라서 표본의 대표성을 담보하려면 걸려온 전화에 수화기를 들고 답하는 사람만을 조사대상으로 삼는 표본추출 방법은 피해야 한다. 다시 말해, 조사대상으로 추출된 번호(가구) 내에서 다시 무작위로 응답자를 선정하는 방식이 필요하다.

이 필요를 충족시키기 위해 실제로 몇 가지 방식이 고안되었다. 대표적으로 레슬리 키쉬Leslie Kish라는 사람이 만든 키쉬 그리드 Kish Grid가 있다. 키쉬 그리드는 가구 내 전체 성인 수와 남성 수라는 두 변수를 기준으로 가구 내 어느 사람을 표본으로 선정해야 하는지 알려주는 표이다. 이를테면 그 표는 가구 내 성인 수가 4명이고 그 가운데 남성이 2명이라면 '나이 많은 남자'를 표본으로 선정하라고 일러준다.[13]

보다 간편한 방식으로는 생일법Birthday Method이라는 것이 있다. 조사원이 전화를 걸어 용건을 설명한 후 "식구 중에 가장 최근에 생

---

13) 이 책에서 키쉬 그리드를 자세히 설명하는 것은 불필요하므로 생략한다. 관심 있는 독자들은 조사방법론 교재나 인터넷에서 검색해 보기 바란다.

일을 지낸 분을 좀 바꿔주십시오"라고 하거나Last Birthday Method, 아니면 "오늘부터 봐서 생일이 가장 가까운 식구분을 좀 바꿔주십시오"라고 하며Next Birthday Method 생일을 기준으로 최종 응답자를 선정하는 방법이다. 키쉬 그리드나 생일법 등은 조사하는 사람이나 응답하는 사람의 의지가 표본선정에 개입하지 못하도록 차단함으로써 확률표집의 요건을 충족시키려는 장치이다.

그런데 문제는 키쉬 그리드나 생일법을 통해 응답자로 선정된 사람이 정작 조사원이 전화를 건 시간에 집에 없을 때가 많다는 것이다. 이 경우에 조사원은 그 사람과 통화하여 조사를 실시하기 위해 적어도 3회 이상, 6회까지는 하루에 한 번씩 시간대를 바꿔가며 재전화call-backs하는 것이 확률표집이 요구하는 표준 관행이다.[14] 3~6회에 걸친 재전화에도 표본으로 선정된 사람과 통화하지 못하면 그때는 그 번호를 버리고 무작위로 추출한 다른 번호로 대체한다. 대체번호에 전화를 걸어서도 물론 키쉬 그리드나 생일법 등을 활용하여 가구 내 응답자 선정이 무작위로 이루어지도록 한다. 이렇게 여러 차례 재전화를 반복해야 하므로 표본수 1,000명 정도의 조사에는 통상 짧게는 3~4일, 길게는 일주일가량이 소요된다.

재전화는 조사기간의 장기화뿐 아니라 비용 증가마저 의미하여 미국에서도 많은 상업 여론조사 회사들이 종종 적당한 선(3회 정

---

14) 응답자로 선정된 사람이 집에 없으면 주로 언제 집에 있는지를 묻고 그 시간대에 재전화를 하는 것도 재전화 통화 성공률을 높이는 한 방법이다. 재전화는 4회까지는 통화 성공률을 높여가나 5회부터는 통화성공률에 별 보탬이 되지 못한다는 실증적 연구도 있다(Weisberg, Krosnick, and Bowen, 1996; 노규형, 강홍수, 한철수, 2002). 이 점을 감안하면 4회 정도의 재전화는 반드시 필요하다 하겠다.

도)에서 타협하는 것으로 알려져 있다. 앞에서 밝힌 대로 여러 차례에 걸친 재전화는 우리나라 조사업계의 업무관행과 다르다. 우리나라 전화조사는 실사기간(실제 자료 수집기간)이 보통 하루를 넘지 않는다. 하루 만에 완료되는 조사는 미국의 경우 '신속조사 quick overnight 또는 one-night poll'라는 이름으로 따로 불린다. 그 이름은 짧은 조사기간과 저렴한 조사비용이라는 의미를 담고 있다. 우리나라 조사업계의 표본추출 방법에 대해서는 나중에 따로 자세히 다루겠다.

1) 비확률표집과 그 종류

앞에서 표본선정은 확률표집과 비확률표집 두 가지로 크게 구분된다고 하였다. 비확률표집은 확률표집의 요건을 충족시키지 못하는 표본선정 방법이다. 모집단이 정확하게 규정되어 있지 않아 모집단을 형성하는 각 구성원이 표본에 포함될 확률을 계산하지 못할 경우가 많다. 그리고 표본선정도 무작위로 이루어지지 않는다 (즉 조사하는 사람 또는 응답하는 사람의 의지가 개입한다). 확률표집은 무작위 표본선정을 통해 표본의 모집단 대표성을 신뢰할 수 있을 만큼 충분히 높은 수준으로 유지시켜준다. 따라서 확률표집에 의한 조사는 표본조사 결과를 모집단 전체로 확대, 일반화하여 해석하는 데 문제가 없다.

반면, 비확률표집은 표본의 대표성을 장담할 수 없으므로 조사결과는 조사에 참여한 표본에만 국한되는 현상으로 해석해야 한다. 비확률표집 조사 결과를 "(표본을 넘어) 모집단도 그러할 것이다"라고 일반화하여 유추하는 것은 심각한 오류를 범하는 일이다. 비확률표집에서 '표본오차' 개념은 아예 설 자리가 없다(표본오차에 대해서는 나중에 자세히 논의할 것임).

표본선정에 조사원이나 응답자의 의지가 개입한 것(즉 비확률표집)이 분명하지만 조사 결과를 마치 모집단 전체에 해당되는 것처럼 그릇되게 일반화하여 보도하는 사례가 많다. 여론조사시장의 깐깐한 유통자나 소비자가 되려면 옥석을 가릴 줄 아는 안목이 필요하다. 안목을 길러 속지 말자는 뜻으로 비확률표집을 몇 가지 살펴보도록 하자.

전형적인 사람typical people 표집

조사원이 모집단에 비추어 '전형적'으로 보이는 사람을 표본으로 선정하는 방법이다. 문제는 전형적으로 보이나 실제로는 그렇지 않을 수도 있고, 어느 조사원의 눈에는 전형적으로 보이나 다른 조사원의 눈에는 그렇지 않을 수도 있다는 점이다. 표본선정에 조사원의 의지가 명백히 개입한 경우이다.

의도적 표집purposive samples

특정한 조사 목적에 맞추어 표본을 선정하는 방법을 일컫는다. 여기에 해당하는 예로 자주 접할 수 있는 것이 '여론선도층'을 대상으로 실시하는 이런저런 조사(예컨대 대통령 국정운영 평가)이다. 일반 국민과 달리 여론선도층은 대통령을 어떻게 평가하는지 등을 살펴보자는 취지의 조사가 되겠다. 여론선도층을 대상으로 하는 조사는 여론선도층이 추상적으로는 정의가 되나 실제로는 정확하게 규정하기 애매한 용어라는 문제가 있다. 여론선도층이 정확하게 어떤 사람들을 지칭하는지, 얼마나 되는지 모집단이 확실치 않다. 여론선도층이라고 하여 대개 50~150명 정도의 표본을 대상으로 한 조사 결과가 보도되는 것이 일반적인데, 대체로 표본은 교수, 기자, 고위 공무원, 시민단체 간부, 기업체 간부 등 몇몇 그룹으로 채워져 있다. 그런데 이 그룹들이 여론을 선도할 수 있는 사람들을 다 망라하는지 알 길이 없다.

더 심각한 문제는 그룹마다 비슷한 표본수를 할당한 후 조사원이 임의대로 응답자를 선정해 할당수를 채운다는 점이다. 우리나라의 전체 교수 명단(표집틀)을 입수하고 그 중에서 할당된 수만큼 객관적인 방식을 통해 무작위로 표본을 선정한다면 이야기는 좀 달라지겠지만, 조사 현장에서 표본이 선정되는 실상은 그렇지 않다. 조사기관과 친분이 있는 교수를 몇 명 추려 연락을 하고 조사에 응하겠다는 사람을 표본으로 삼는 것이 보통이다. 기자 그룹도 마찬가지이다. 대한민국의 전체 기자 명단을 구한 다음, 무작위로 조사대상을 추출하고 그들에게 조사에 응해달라고 부탁하여 할당된 수만큼 표본을 조사하는 과정을 거치지 않는다. 기자나 고위 공직자는 접근하기가 어려운 그룹이어서 먼저 한두 명 응답자를 구한 다음 그 응답자들에게 다른 사람을 소개해달라고 부탁해 이른바 '새끼를 쳐나가는' 방식(이를 전문적으로는 snowball 또는 network sampling이라고 함)으로 할당된 표본수를 채워나갈 때가 많다. 응답자들의 소개를 통해 할당수를 채운 표본이 해당 그룹의 구성원 전체(모집단)를 잘 대표한다고 볼 수 있을까? 잘 대표한다고 주장할 사람이 많지는 않을 것이다. 이러한 문제점에도 불구하고 소위 여론선도층 조사는 마치 우리나라에서 행세깨나 한다는 사람들 전체의 의견인 양 일반화되어 보도되는 경우가 대부분이다.

자원자volunteer subjects 표집

자원해서 조사에 참여하는 사람들을 표본으로 선정하는 방법이다. 방송사 토론 프로그램에서 시청자 참여조사call-in polls가 흔히 접할 수 있는 예이다. 대체로 자원자들은 조사 주제에 관심이 많거나, 직접적인 이해관계가 있거나, 아니면 아마도 사는 것이 너무 심심하여 미쳐버릴 것 같은 사람 등으로 일반인들과는 분명 차이가 있다. 조사에 답하는 사람의 의지가 표본선정에 개입한 경우로 모집단의 대표성을 담보할 수 없다. 1950년대 미국인의 성생활 실태조사로 유명한 킨제이 리포트(Kinsey Report, 미국 인디애나 대학의 킨제이 연구센터가 주관한 연구보고서)는 이 표집방법을 채택한 탓에 보통의 미국인이 아니라 성에 대해 더 개방적이고 더 적극적인 사람들만을 표본으로 삼게 되어 왜곡된 조사 결과를 내놓았다고 한다.

편의적 또는 우연적 표집haphazard or convenience sampling

말 그대로 조사원의 입장에서 편하고 쉽게 접촉 가능한 사람들을 표본으로 선정하는 방법이다. 특정 장소에 얼쩡거리거나 지나가는 사람, 그 중에서도 응답을 거절하지 않을 것같은 마음씨 좋아 보이는 사람 등을 아무 기준 없이 되는 대로 응답자로 삼는 조사를 예로 들 수 있다. 조사를 신속하게 마치고자 사람이 많이 모이는 장소, 예컨대 쇼핑몰에 자리를 잡고 조사원이 면전을 지나가는 사람들 가운데 매 15번째 사람을 표본으로 선정하기로 한다면 이것은 확률표집일까? 언뜻 보아 확률표집 같지만 그렇지 않다. 모집단의 모든 구성원들이 그 쇼핑몰에 나타나는 것은 아니어서 그들이 조사원의 면전을 지나갈 가능성은 동등하지 않기 때문이다. 조사 시간에 그 장소에 나타나지 않는 사람들은 표본에서 원천적으로 배제된다는 점에서 이러한 표집방법은 대표성을 담보하지 못한다.

실생활에서 쉽게 접할 수 있는 예로는 신문사 홈페이지나 인터넷 포털 사이트 초기화면 등에서 실시하는 조사가 있다. 조선일보 홈페이지에 접속하는 사람은 신문 구독자 전부를 대표하지 못한다. 그들은 경향신문이나 한겨레신문 홈페이지에 잘 들어가지도 않고, 그 신문들 홈페이지에 접속하는 사람과 정치성향이 다른 까닭이다. 인터넷 포털 역시 방문자들의 성향이 저마다 다를 수 있고, 인터넷을 자주 하는 사람과 그렇지 않은 사람 사이에도 유의미한significant 차이가 있을지도 모른다.

할당표집quota sampling

모집단의 구성원 분포에 따라 미리 할당된 비율대로 표본을 선정하는 방법을 말한다. 예를 들어 우리나라 대학생을 대상으로 조사한다면, 전체 대학생의 학년별·남녀별 비율을 구할 수 있다. 그 비율에 일치하도록 표본을 선정하는 것이 할당표집법이다. 이 방법도 얼핏 보면 확률표집처럼 보이나 표본선정이 무작위로 이루어지지 않는다는 점에서 비확률표집에 속한다. 할당된 수만 채우면 되므로 조사원이 임의로 표본을 선정할 수 있다. 이를테면 조사원 입장에서 쉽게 만날 수 있는 사람, 조사에 참여하기를 특별히 원하는 사람, 적대적이거나 위협적으로 보이지 않는 사람만으로 표본을 구성할 수도 있어서 대표성을 담보하기가 어렵다. 조사원에게 응답자 선정을 결정하도록(즉 응답자 선정에 조사원의 의지가 작용하도록) 허용하는 한 표본의 대표성은 떨어질 수밖에 없다. 특히 모집단에 관한 정확한 정보가 없을 때(이를테면 도시로 인구이동이 왕성하게 진행 중이거나 직업분포상 변화가 심할 때 등) 할당표집방법으로 추출한 표본은 대표성이 더욱 떨어지게 된다.

지금까지 일상에서 자주 접하는 비확률표집 조사를 몇 가지 살펴보았다. 거듭 강조하지만 비확률표집법에 의한 조사 결과는 표본으로 조사에 참여한 사람들에게만 한정된다. 모집단 전체에 해당되는 결과로 유추해서는 안 된다. 비확률표집 조사임이 명백한데도 조사 결과를 표본오차와 함께 제시하는 사례도 적지 않다. 좀 거칠게 표현하면 사기에 버금가는 일이다.

3. 응답률 문제

응답률response rate은 여론조사업계 종사자들이 감추고 싶어하는 부분dirty little secret이다. 응답률 문제는 '무응답non-response' 문제라고 다르게 표현하기도 한다. 무응답이 많으면 응답률은 낮아지기 때문이다. 무응답은 조사대상으로 선정하였지만 응답을 얻지 못한 경우를 말한다. 대표적으로 조사에 참여하기를 거절하는 조사거절refusal[15]이 있다. 이외에 부재중ring-no answer, 받는 사람이 없는 전화, 자동응답기answering machine나 발신자 표시기caller-id에 의

---

15) 전화를 건 용건을 설명하고 조사에 참여하기를 부탁했을 때 "시간 없어요"라고 하며 바로 끊거나 여론조사 얘기를 꺼내자마자 아무 말 없이 전화를 끊는 경우, 여론조사의 '여' 자만 들어도 치가 떨린다며 화를 내고 끊을 때, 조사가 중간쯤 진행되었는데도 응답하기 싫은 질문이 나온다고 "더 이상 대답하기 싫다"며 전화를 끊어버리는 경우 등이 조사 거절에 해당한다.

해 걸러지는 경우, 계속 통화중이어서 통화가 이루어지지 않았을 때 따위도 무응답에 포함된다.

응답률에 대한 정의는 사람에 따라 다소 상이하나 가장 상식적인 정의는 응답자수를 전체 통화시도수로 나눈 값이다(Fowler, 1993). 예컨대 1,000명 표본조사를 마치기 위해 통화를 시도한 전화번호가 모두 5,000개였다면, 무응답자수가 4,000개 번호에 달했다는 뜻이고 응답률은 20%가 된다.

응답률이 왜 문제가 될까? 응답률이 낮으면 표본의 무작위 선정(곧 표본의 모집단 대표성)이 심각한 위협에 직면하기 때문이다. "여론조사는 과학이다"라는 주장은 그 근거를 다름 아닌 표본의 무작위 선정에 두고 있다. 일단 조사대상으로 추출된 전화번호는 조사가 이루어지지 않더라도 곧바로 다른 번호로 대체하지 않고, 그 전화번호 가구 내에서 응답자로 선정된 사람과 통화가 될 때까지 여러 차례 재전화를 하는 노력을 아끼지 않는 까닭도 무작위 표본선정이란 원칙을 최대한 살리기 위함이다.[16] 응답률이 표본선정의 무작위성에 위협이 되는 것은 응답률이 낮아지면 낮아질수록 조사에 참여한 사람들과 그렇지 않은 사람들 사이에 인구통계학적 특성이나 심리적 측면(태도, 동기 등), 조사내용과 직접 관련이 있는 경험 등의 면에서 유의미한 차이가 날 가능성이 높아지기 때문이다.

예컨대 응답률이 15%에 머문다면, 1,000명 표본조사에는 6,000

---

16) 재전화는 조사를 거절한 사람에게 다시 전화를 걸어 조사에 참여하라고 설득하는 것도 포함한다.

개의 무작위로 추출한 전화번호가 필요하다. 전화번호 6개 중 겨우 하나꼴로 응답을 받아낸 셈이다. 조사에 응한 사람이 조사에 응하지 않은 나머지 5개 전화번호 가구에 속하는 사람들과 비교하여 '어떤 면에서건 다르지 않을까' 하는 의심이나 우려는 단순하게 상식에 비춰봐도 수긍이 간다. 무응답은 아무 이유 없이randomly 발생하는 것이 아니다. 이 점은 학자들과 조사 전문가들도 널리 인정하고 있는 사실이다. 낮은 응답률은 표본의 대표성을 훼손한다. 미국의 경우이지만, 응답률에 관한 어느 실증적 연구는 무응답이 노령층, 여성, 저교육층을 과다 대표하도록 이끄는 경향이 있다는 것을 발견하였다(Brehm, 1993).

무응답 중에서도 조사거절은 특히 우려의 대상이다. 키터 등에 따르면 응답률을 높이기 위해 특별한 노력rigorous efforts을 기울인 결과, 응답률을 36.6%에서 60.6%로 끌어올릴 수 있었으나 그럼에도 25% 정도가 조사를 거절했다는 사실이 우려스럽다고 한다 (Keeter et al., 2000). 조사에 응해달라는 부탁과 설득을 거듭해도 끝내 거절한 사람들은 조사에 참여하여 표본에 포함된 사람들과 특성에서 차이가 날 개연성이 더 높은 사람들이다.

우리나라 여론조사 결과 보도는 응답률을 제시하는 경우도 많지 않지만, 조사거절률을 따로 발표하는 경우는 아예 전무하다. 여론조사 소비자인 국민은 조사 표본의 대표성을 어림짐작으로나마 평가할 수 있는 중요한 정보로부터 소외되어 있는 셈이다. 조사를 수행한 기관에서는 조사거절률을 따로 계산하는 것이 가능하다. 조사거절률은 자신들의 조사 표본이 모집단을 얼마나 잘 대표하는지 자체적으로 점검하는 체크 포인트의 하나가 될 수 있다.

〈표 4〉는 여론조사에서 응답률의 중요성을 더욱 확실히 이해하는 데 도움이 된다.

〈표 4〉 응답률 표

응답률(%)	무응답자 중 특성(예, 흡연)을 가진 사람의 비율(%)						
	10	20	25	30	40	50	75
90	27	26	25	24	23	20	19
70	31	27	25	23	19	14	3
50	40	30	25	20	10		
30	60	37	25	13			

※ 출처 : Fowler, 1993, p. 43

응답률 표에 대해서는 설명이 약간 필요하다. 이해를 돕기 위하여 고등학생 흡연율을 조사한다고 생각해보자. 그러면 '무응답자 중 특성을 가진 사람'에서 무응답자[17]란 조사대상으로 추출된 고등학생 가운데 조사에 참여하지 않은 이들을 가리키고, 특성은 흡연이 된다. 무응답자 중 특성을 가진 사람의 비율 즉 가로축(10, 20, 25, 30, 40, 50, 75)은 조사대상으로 추출되었으나 어떤 이유에서건 응답을 하지 않은 고등학생의 흡연율을 의미한다. 모집단값을 알고 있다면 표본조사는 불필요하지만(모집단값을 모르기 때문에 표본조사를 통해 그 추정값을 구하려는 것임), 응답률의 중요

---

17) 다시 강조하지만, 표집틀로부터 추출한 조사대상이 모두 조사에 참여하는 것은 아니다. 앞에서 설명한 것처럼 조사를 거절할 수도 있고, 아예 접촉이 안 되는 경우도 적지 않다.

성을 보여주기 위한 이 가상의 예에서는 고등학생 전체의 흡연율 (모집단값)을 25%로 가정하고 있다. 무응답자의 흡연율도 실제로 는 모르지만 이 가상의 경우에서는 응답률의 영향을 계산해내기 위하여 몇 가지 값(10%에서 75%까지)으로 가정한다.

표의 가로축은 조사대상으로 선정되었지만 조사에 응하지 않은 사람들의 특성 퍼센트(흡연율 10%에서 75%까지)이고, 세로축은 조사의 응답률(90%부터 30%까지)을 나타낸다. 가로축 아래의 여 러 수치는 표본조사를 통해 모집단 흡연율을 응답률별로 추정한 값이다. 예컨대 40, 30, 25, 20, 10은 응답률 50%일 때 무응답자 흡 연율 10%부터 40%까지 각 경우에 해당하는 표본조사 결과(추정 값)이다. 만약 조사대상으로 선정되었으나 조사에 참여하지 않은 학생(무응답자) 가운데 30%가 흡연자이고 응답률이 50%라면, 표 본조사 결과는 고등학생의 몇 퍼센트가 흡연자라고 알려줄까? 〈표 4〉를 살펴보기 바란다. 답은 20%이다. 그것은 모집단의 실제 흡연 자 비율 25%보다 5%P 적게 추정하는 값이다. 응답률이 30%로 내 려간 경우, 표본조사 결과는 흡연율 13%로 나온다. 모집단의 실제 흡연율은 25%인데, 고등학생 가운데 13%만이 흡연을 하고 있다고 잘못 추정케 하는 결과이다. 모집단값 추정 오류가 무려 12%P에 달한다. 응답률 표를 살펴보면 조사에 참여하지 않은 사람의 흡연 율이 모집단 흡연율과 동일한 경우(즉 25%)를 제외하고는, 응답률 이 낮아질수록 표본조사 결과(추정값)와 실제 값(모집단값) 간의 격차(곧 조사 부정확 정도)가 점점 더 급속하게 벌어지는 것을 알 수 있다. 〈표 4〉는 응답률이 조사의 정확성에 어느 정도 영향을 미 치는지 한눈에 보여준다.

응답률 표의 추정값들이 어떻게 나온 것인지는 간단한 계산으로 알아볼 수 있다. 예를 들어 응답률 50%, 무응답자 흡연율 30%인 경우의 추정값을 계산해보자. 응답률 50%는 조사대상으로 선정된 사람의 50%가 응답한 것을 의미한다. 1,000명 표본조사라면 조사 대상으로 총 2,000명을 추출하였다는 말이다. 그리고 이 2,000명 은 확률표집으로 추출하였기에 모집단을 잘 대표한다고 보아도 무방하다. 다시 말해, 이 2,000명 모두를 조사한다면 흡연율은 25%로 나와 모집단의 흡연율과 일치할 것으로 보아도 된다. 응답률이 50%이니 조사에 참여하지 않은 무응답자는 1,000명인데, 이들 중 흡연을 하는 학생이 30%이므로 무응답자 1,000명 가운데 흡연자 수는 300(1,000×0.3)이다. 그런데 조사대상으로 추출한 2,000명 중 총 흡연자수는 2,000명의 25%, 즉 500이다. 따라서 조사에 참여 한 응답자 1,000명 가운데 흡연자는 200(500−300)명이 된다. 1,000명 중 200명이므로 비율로 치면 20%이다. 이 20%는 가로축 '무응답자 중 특성을 가진 사람의 비율'에서 세로축의 30%를 따라 내려가다 응답률 50% 줄에서 마주치는 '20'을 나타내는 것이다.

이제 마지막으로, 응답률의 중요성을 극명하게 보여주는 예를 드는 것으로 응답률에 관한 논의를 마치기로 하겠다. 이번 예는 응답률 15%, 무응답자 흡연율 26%인 1,000명 표본조사이다. 앞의 예와 비교해 응답률은 훨씬 낮다(50%→15%). 하지만 무응답자 흡연율은 실제 모집단 흡연율 25%와 불과 1%P 차이가 나는 경우이다. 언뜻 보면 조사에 참여한 응답자가 모집단을 비교적 잘 대표하는 경우라고 이해할 수 있다. 과연 그런지 다시 산수 계산을 통해 점검해보자.

먼저 응답률이 15%라면 조사대상으로 총 6,667명을 추출하였음을 알 수 있다(6,667×0.15=1,000 ; 조사 참여자 1,000명, 무응답자 5,667명). 무응답자 5667명 중 26%가 흡연자이므로 무응답자 가운데 1,473명의 흡연자가 포함되어 있다(5667×0.26). 모집단의 25%가 흡연자이므로 확률표집으로 추출한 조사대상자 6,667명 가운데 총 흡연자수는 1,667명이다(6,667×0.25). 따라서 조사 참여자, 즉 응답자 1,000명 가운데 흡연자는 194(1,667−1,473)명이다. 이는 1,000명 표본조사 결과가 내놓은 모집단의 흡연율 추정값이 19.4%라는 것을 의미한다. 모집단의 실제 흡연율 25%와 비교하여 5.6%P나 차이가 나는 왜곡된 결과이다.

그렇다. 이 예는 무응답 그룹과 모집단이 특성상 미세한 차이만 나더라도 낮은 응답률이 그 차이를 크게 증폭시킬 수 있다는 사실을 잘 보여준다. 요약하면, 응답률은 여론조사 품질에 결정적인 영향을 미칠 수 있다는 점에서 중요한 이슈가 된다. 응답률은 실제 여론조사에서 대개 바람직한 수준보다 낮게 나오므로(우리나라의 경우 대부분 20% 이하) 여론조사업계 종사자들에게는 어물쩍 넘어갔으면 하는 부담스러운 부분이 아닐 수 없다.

4. 표본오차 문제

표본추출과 관련한 오류의 한 종류로서 '표본오차sampling error' 개념을 빠트릴 수 없다. 표본오차는 표본으로 모집단을 대표하려는 시도에 따르는 필연적인 오류로 정의된다. 예를 들면 우리나라 유권자는 3,800만 명에 가까운 거대 집단인데, 이처럼 거대한 집단을 1,000명에 불과한 소수의 표본 그룹으로 완벽하게 대표한다는 것은 원천적으로 불가능한 일이다(1,500명이건 2,000명이건 5,000명이건, 3,800만 명에 비하면 매우 적은 수이기는 마찬가지이다). 3,800만 명 거대 집단에 담겨 있는 인간 다양성의 폭과 깊이를 1,000명의 그룹 안에 완벽하게 일치시켜 복제해낼 수는 없기 때문이다. 다시 말해, 아무리 철저하게 확률표집의 원리를 살려 표본을 선정한다 하더라도 표본은 모집단과 모든 면에서 완벽하게 일치하지는 않는다. 완벽하게 일치하지 않고 어긋난 부분, 그것이 표본오차이다. 그러므로 표본조사 결과는 절대값이 아니라 추정 근사값으로 이해해야 한다.

표본오차는 표본조사 결과로 나온 값(통계학에서는 이를 '통계치'라 부름)과 모집단값(이는 '모수치'라 함) 사이의 차이를 의미한다. 표본조사에 오류가 필연적이라면, 즉 표본조사를 통해 모수치를 추정하는 데 오류가 필연적으로 따른다면 그 크기가 얼마나 될지에 관심이 쏠리기 마련이다. 표본오차의 크기를 살피기 전에 먼저 표본오차 크기는 비확률표집 조사일 경우 계산이 불가능하다는 사실부터 강조한다. 앞에서도 밝혔듯이 비확률표집에는 모집단을 대표한다는 개념이 아예 배제되기 때문이다. 다시 언급하지만, 비확률표집 조사 결과는 표본그룹(응답자로 조사에 참여한 사람들)을 넘어 모집단 전체로 일반화하여 해석할 수 없으므로 표본오차는 비확률표집 조사에서는 성립되지 않는 개념이다. 만약 비확률표집 조사 결과를 표본오차와 함께 제시한다면 그것은 잘못된 정보 제공이라는 점을 한 번 더 지적한다. 표본오차는 확률표집 조사에서만 성립하는 개념이다.

이제 여론조사 보도에서 자주 등장하는 "95% 신뢰수준에서 최대 허용 표본오차는 ±3.1%포인트(P)"라는 말의 의미를 살펴보자. 이 말은 우선 해당 조사의 표본선정이 확률표집 방법으로 이루어졌다는 전제를 깔고 있는데, 그 의미는 다음과 같다. "모집단 구성원 전부를 조사하는 것은 실제로 불가능하지만 만약 모집단 전체를 조사해 모수치를 구할 수 있다고 가정한다면, 모수치가 표본조사를 통해 얻은 추정값(즉, 통계치)의 오차범위(여기서는 ±3.1%P) 내에 들어갈 확률이 95%이다." 예를 들어 고등학생 1,000명 표본조사에서 흡연율이 20%(통계치)로 나왔다면, 고등학생 전체의 흡연율(모수치)은 20±3.1%P, 즉 16.9%에서 23.1% 구간 내에 속하는 어느 값일 확률이 95%라는 뜻이다.

위 예에서 표본오차의 크기, 즉 3.1이란 수치는 표본의 크기(곧 표본수)가 1,000일 때 해당하는 값이다. 이 수치는 표본수가 달라지면 변한다. 표본오차 크기는 모집단 크기(예컨대 100만, 1,000만, 1억 등) 또는 표본과 모집단의 비율(예컨대 1/10,000, 1/100,000, 1/1,000,000 등)이 아니라 표본수에 좌우되는데, 표본수와 정확하게 반비례하지는 않는다(이에 관해서는 통계학 교재의 표본오차 공식을 참조하기 바람). 표본수에 따른 표본오차의 변화는 〈표 5〉와 같다(Weisberg, Krosnick, and Bowen, 1996).

〈표 5〉 여러 표본 크기(표본수)에 해당하는 최대 허용 표본오차[18]

표본 크기 (표본수)	3000	2000	1500	1000	700	500	400	300	200	100
표본 오차	1.8	2.2	2.5	3.1	3.7	4.4	5.0	5.8	7.2	10.3

18) 이 표와 관련해 사족을 달면, 우리나라 전화 여론조사의 언론 보도는 이 표에 주어진 표본오차를 제시한다. 그런데 이 표는 단순무작위표집 simple random sampling 방법에 해당하는 표본오차 범위를 계산해놓은 것이다. 나중에 자세히 논의되는 것처럼 우리나라 전화 여론조사는 단순무작위표집이 아니라 '할당표집quota sampling' 방법을 차용한다. 그러므로 엄밀하게 말하면 우리나라 여론조사 보도가 제시하는 표본오차는 부정확한 정보라 할 수 있다. 순수하게 이론적인 관점에서 보면 할당표집을 사용하는 우리나라 전화 여론조사는 확률표집과는 거리가 있다. 당연히 표본오차를 제시하는 것 자체가 잘못된 일이라는 주장도 있다. 이 주장에 대해서는 나중에 따로 다루겠다. 어쨌든, 할당표집 방법을 사용하는 우리나라 전화 여론조사의 표본오차는 단순무작위표집 경우보다 더 크다고 보는 것이 안전한 추정이 될 것이다.

표본수가 대략 400까지 증가하면 표본오차는 급속하게 감소하나(10.3에서 5.0으로), 500을 넘어가면 표본 크기에 따른 표본오차의 감소는 그리 급격하지 않다. 따라서 표본오차를 줄여 모수치 추정 정확도를 높이고자 표본수를 2,000, 3,000, 5,000 등으로 마냥 늘려나가는 것은 아무 의미가 없다. 표본수가 늘어난다는 것은 비용 상승을 뜻하는데, 비용 요인을 감안하면 표본수 1,000은 넘치고도 남을 만큼 충분히 큰 표본이다.

표본조사는 표본오차를 고려하여 모수치를 구간으로 추정한다는 사실에도 주목해야 한다. 1,000명 표본조사에서 한나라당 지지도가 35%로 나왔다면 한나라당에 대한 유권자 전체의 지지도는 35%가 아니라 35±3.1%P로 추정된다고 보아야 더 정확한 해석이다. 이 대목에서 혹시 구간이 아니라 점point으로, 다시 말해 33%이면 33%, 38%이면 38%로 딱 부러지게 추정하고 그 추정의 신뢰도가 95% 정도 된다는 식으로 조사 결과를 내놓는다면 더 명쾌하지 않겠냐고 불만 섞인 질문을 할 독자가 있을지 모르겠다. 점이 아니라 구간으로 추정하는 까닭은 그렇게 해야만 추정의 신뢰도(90%, 95%, 99% 등)를 판정할 수 있기 때문이다. 모수치(모집단값)를 점으로 추정할 경우에 추정의 신뢰도를 계산하는 것은 통계이론상 가능하지 않다(더 자세한 것은 기초통계학 교과서 참조).

구간 추정과 관련해 우리나라 언론의 여론조사 보도 관행 가운데 한 가지 짚고 넘어가야 할 부분이 있다. 선거 여론조사 보도에서 특히 두드러지는 문제인데, 표본조사 결과가 점이 아니라 구간 추정이라는 사실을 무시하는 관행이 그것이다. 표본오차 범위 내에 있는 후보 간 지지도 격차에도 순위를 매기는 보도는 잘못이므로 시정되어야 한다. 예를 들어보자. 2007년 대선을 앞두고 잠재 대권주자들을 대상으로 한 지지도 조사가 수없이 보도되었다. 여야 양진영의 후보가 모두 결정되기 전까지 한나라당 주자인 이명박, 박근혜를 제외한 모든 잠재주자들의 지지도는 그야말로 도토리 키재기로 10% 선을 넘는 때가 없었다. 6.8%, 5.2%, 3.7%, 2.5%, 1.4%, 1.2%, 1.0% 등이 전형적인 조사 결과였다. 하지만 어느 잠재주자가 몇 위에 올라 있는지 1위부터 8위까지 순위를 부여하는 식의 보도가 계속 이어졌음을 기억한다. 엄격하게 말해, 여론조사시장의 소비자인 국민을 오도하는 보도였다.

왜 그렇게 단언할 수 있을까? 이론적으로 따지면 위 여러 주자들의 지지도는 비록 수치상으로는 상이하나 내용 면에서는 모두 동일한 것으로 보아야 하기 때문이다. 6.8% 지지를 얻은 주자의 실제 지지도 추정치는 6.8%가 아니라 표본오차 $\pm3.1\%P$(1,000명 표본조사인 경우)를 고려한 3.7~9.9% 구간이며, 1.0%를 얻은 주자의 지지도 추정치는 0.0~4.1% 구간이다. 두 주자의 지지도에는 겹치는 부분(즉 3.7~4.1%)이 있다. 6.8%를 얻은 주자가 다음 조사에서 3.7%를 받을지도 모르고, 1.0%를 얻은 주자가 다음 조사에서 4.1%를 받을 수도 있다. 이럴 경우도 이론적으로 얼마든지 가능하기에 엄밀히 따지면 두 주자 가운데 누가 앞서고 있는지를 가리는 것은 불가능한 일이다.

대선 후보들 사이에 5%P 정도의 차이(예컨대 A후보 지지도 35%, B후보 지지도 30%)만 나도 언론은 흔히 A후보가 상당히 우세한 것처럼 보도한다. 그러나 표본오차를 감안하면 두 후보의 지지도는 실제 동일한 것으로 해석해야 마땅하다. 5%P 차이는

6.2%(±3.1%P)P구간 내에 포함되므로 "A후보가 B후보를 표본오차 범위 내에서 다소 앞서는 것으로 나타나 두 후보는 현재 우열을 가리기 힘든 치열한 경합을 펼치고 있는 것으로 보인다"라고 보도하는 것이 바람직하다. 1,000명 표본조사에서 후보 간 지지도 격차가 6.2%P를 넘어가면 그때 후보 간 지지도 격차는 통계적으로 유의미하고, 어느 후보가 다른 후보를 확실히 앞서고 있다는 해석이 가능하다.

표본오차와 관련하여 한 가지 더 언급할 대목이 있다. 여론조사 시장의 생산자, 유통자, 소비자 모두 간과하고 지나가는 편인데, '전체 표본오차overall sampling error' 와 '표본 내 하위그룹subsets의 표본오차' 를 구분하여 따로 고려하지 않는다는 점이다. 여론조사 결과는 여러 종류의 하위그룹으로 나누어 분석할 때가 많다. 이를테면 한나라당에 대한 전체 표본(예컨대 1,000명)의 지지도가 35%로 나올 때 흔히 거주지역별, 성별, 연령대별, 직업군별, 종교별 등으로는 어떻게 나오는지 세부적으로 따로 살펴본다. 이때 각 하위그룹의 표본수는 전체 표본수보다 훨씬 작다는 사실이 간과되고 있다. 표본오차는 표본수에 따라 결정되고, 표본수가 감소할수록 표본오차는 증가한다는 사실은 앞에서 밝혔다.

우리나라의 성인 인구를 모집단으로 한 1,000명 표본조사에서 연령대별 하위그룹에 할당되는 표본수를 예로 들어 살펴보면, 20대는 209명, 30대는 229명, 40대는 226명, 50대 이상은 336명으로 나타난다. 따라서 연령대별 하위그룹 분석에서 조사 결과 해석은 전체 표본오차 ±3.1%P가 아니라 각 연령대별 표본수에 해당하는 표본오차(예컨대 20대는 대략 ±7%P)를 감안해야 한다. 저자는 지금까지 하위그룹 분석에서 각 그룹의 표본수에 해당하는 표본오차를 명시적으로 따로 제시한 여론조사 보고서를 읽은 적이 없고, 이 점을 명백히 적시한 언론보도도 접한 적이 없다.

앞에서 1,000명이면 넘치고도 남을 만큼 큰 표본이라고 말한 바 있다. 그런데 전체 표본의 여론뿐만 아니라 각 하위그룹의 여론도 세밀하게 조사하고 싶다면 하위그룹도 저마다 표본의 크기가 충분해야 한다(가령 최소 400명 정도). 그렇다면 전체 표본수 1,000명으로는 턱없이 모자랄 것이다. 표본수는 무조건 1,000명이면 충분하다고 생각해서는 안 된다. 표본수는 조사 목적과 필요에 따라 결정되는 것이다.

선거철이 되면 정당 지지별, 그리고 투표참여가 확실시되는 사람들의 그룹('투표 확실층')별 후보 지지는 어떻게 나타나는지도 자주 보도된다. 2007년 대선을 예로 들면 한나라당 지지자들의 이명박, 정동영, 이회창, 문국현 등 후보 지지도는 어떤지, 투표 확실층에서는 각 후보별 지지도가 어떻게 나오는지도 관심거리이다. 그러나 이때도 실제 해당 표본수는 전체 표본수보다 훨씬 작다는 사실을 감안하여 조사 결과를 해석하는 보도는 찾아보기 힘들었다.

저자의 기억이 정확하다면 2007년 가을 어느 시점이었을 것이다. 광주광역시에서 한나라당 지지도가 열린우리당[19]에 근소하나마 앞서는 것으로 나타났다는 여론조사 결과 보도가 있었다. 한나

---

19) 열린우리당의 후신으로 당명이 다를 수도 있겠다. 이렇게 헷갈리는 것이 저자 탓만은 아님을 독자들도 알고 있으리라 믿는다.

라당의 고무된 반응도 함께 보도되었음은 물론이다. 여론조사에 대해 어느 정도 알고 있는 사람은 아마 그 보도에 실소를 금치 못했을 것이다. 1,000명 표본에서 광주광역시에 할당되는 표본수는 27명에 불과하다. 표본오차를 계산하는 것조차 의미가 없을 만큼 작은 표본이다. 불과 27명을 대상으로 한 조사에서 근소하게 더 높은 지지도를 얻은 결과를 놓고 한나라당이 그 지역에서 더 많은 지지를 받고 있는 것처럼 해석하는 것은 한마디로 어불성설이다. 그러한 해석이 잘못된 것임은 이후 실제 선거에서 이명박 후보의 광주광역시 득표율을 살펴보면 곧바로 확인할 수 있는 일이다. 만약 문제의 그 조사가 당시 논란거리로 떠올랐더라면, 광주광역시만을 대상으로 표본수 500명 조사를 따로 실시해 보는 것으로 논란을 바로 잠재울 수 있었을 것이다.

지금까지 표본추출과 관련하여 여론조사의 이론과 실제 사이 괴리를 짚어보았다. 여론조사가 처한 현실의 문제를 간단히 요약해 보면, 부실한 표집틀이란 문제로부터 완전히 자유롭지 못하고, 응답자 선정에서 원칙과 비용 간 타협은 업무관행으로 뿌리를 내렸으며, 낮은 응답률은 우려할 만한 수준을 뛰어넘어 모집단 대표성을 위협하는 지경이고, 표본오차 개념은 오용되거나 무시되기 일쑤이다. 비유를 들면, 곳곳에서 매설된 지뢰가 터지고 있는 형국이다. 결론으로, 국내외를 막론하고 여론조사는 확률표집의 이론상 가정과 원칙을 조사 현장에서 충실하게 지켜내지 못하고 있다는 것이 현실을 객관적으로 반영한 평가라는 데 이론이 없을 듯하다.

5. 우리나라 여론조사의 표본 대표성 점검

이제 표본추출과 무관하게 발생할 수 있는 여론조사의 오류들을 살펴볼 차례이다. 그러나 그전에 논의의 초점을 우리나라 전화 여론조사에 맞추어 표본의 대표성 문제를 꼼꼼하게 점검해보는 기회를 갖도록 하자. 우리나라 여론조사업계의 표본추출 방법과 문제점을 조사원을 이용한 전화 여론조사와 ARS 여론조사로 나누어서 다루도록 한다.

1) 조사원을 이용한 전화 여론조사

우리나라 전화 여론조사는 거의 예외 없이 하루 만에 완료된다. 키쉬 그리드나 생일법 같은 응답자 선정 장치를 채택하지 않고 있으며, 재전화도 하지 않는다. 가정집 전화번호부를 표집틀로 사용하여 무작위로 조사대상 전화번호를 추출한 후 조사원들에게 나누어준다. 조사원은 할당받은 전화번호에 전화를 걸어 수화기를 드는 사람을 대상으로 조사를 수행한다. 어떤 이유(부재중, 통화중, 조사거절 등)에서건 조사가 이루어지지 않은 번호는 바로 다른 번호로 대체한다.[20]

이러한 표본선정 방법에는 당장 몇 가지 눈에 띄는 문제가 따른다. 첫째, 전화를 받는 사람만을 대상으로 하므로 특정 집단이 과다표집over-sampling될 개연성이 높다. 예컨대 활동성이 높은 20~30대 직장인들은 집에 있는 시간이 그렇지 않은 노령층보다 적다. 이 문제를 최소화하기 위해 우리나라 전화조사는 대부분 오후 3시 또는 4시에 시작하여 밤 9시 전후에 종료한다. 물론 직장인들과 젊은 층을 표본에 포함시키려는 목적이다. 그러나 조사시간대를 조정한다고 특정 계층의 과다표집 문제가 완전히 해소되는 것은 아니다. 예컨대 우리나라 전화조사에서 가정주부가 응답자 전체에서 차지하는 비율(응답자 구성비율)이 평균 32.1%로 과도하게 높다는 것을 지적한 연구도 있다(허명회, 경향신문 2007년 11월 18자일에서 재인용).[21]

---

20) 우리나라에서도 재전화를 하는 경우가 있기는 하다. 조사대상으로 추출한 전화번호가 모자랄 경우도 있는데 그때는 부재중이었던 번호에 다시 걸기도 하고, 심지어 조사를 거절한 번호에 다시 걸어 참여를 한 번 더 부탁하기도 한다. 주로 주민수가 많지 않은 선거구의 후보경선 조사나 공천자 조사에서 볼 수 있는 현상이다. 지지하는 후보가 없다거나 누구를 지지할지 모르겠다는 응답은 표본으로 인정하지 않기로 후보 간에 사전 합의를 보면 그런 응답은 제외해야 하므로 표본이 1,000명에 불과한 조사인데도 추출해 놓은 전화번호가 모자랄 수 있다. 그런 경우는 조사에 소요되는 시간도 더 걸린다.

21) 가정주부 32.1%는 여성 유권자의 64.2%가 전업주부라는 말로, 현재 우

저자는 여론조사 보고서를 받아들면 가장 먼저 가정주부의 응답자 구성비율부터 살펴본다. 그 비율이 30% 이상이면 표본의 대표성에 일단 물음표를 찍고 보고서를 읽기 시작한다. 저자에게는 가정주부의 응답자 비율 30%가 표본의 대표성을 점검하는 체크리스트의 첫 번째 항목이라는 말이다. 가정주부의 응답자 구성비율이 35%를 넘어간 조사 보고서도 읽은 기억이 있다. 어쨌든, 하루 만에 완수하는 여론조사는 미국에서도 특정 계층 사람들을 과다표집하는 경향이 있는 것으로 알려져 있다(Weisberg, Krosnick, Bowen, 1996).

둘째, 재전화를 하지 않는 우리나라의 경우에 조사가 이루어지지 않은 번호는 바로 다른 번호로 대체해야 하므로 하루 만에 조사를 신속히 마치기 위해서는 가능한 한 많은 전화번호에 통화를 시도할 수밖에 없는 실정이다. 따라서 당연히 무응답률이 높다. 조사 거절률도 상대적으로 더 높을 수밖에 없는데, 처음 조사를 거절한 사람에게 다시 전화를 걸어 조사에 참여해달라고 설득하는 기회를 갖지 못하기 때문이다.

무응답 문제의 심각성은 앞에서 자세히 언급하였으므로 여기서는 우리나라의 조사 실정을 알려주는 몇 가지 실증적인 수치를 제시하는 것으로 그치겠다. 고려대 허명회 교수의 연구에 따르면 2006년 5월 지방선거 관련 조사에서 거절률이 평균 47.1%에 달했다고 한다(경향신문 2007년 11월 18일자에서 재인용). 조사대상 번호로 추출하여 통화한 번호 둘 중 하나꼴로 조사에 응하기를 거절하였다는 것이다. 미국의 경우, 하루 만에 완료하는 전화조사의 거절률

리나라 직업구성 분포를 정확하게 반영하는 것이 아니다.

이 30% 내외에 이른다고 하는데(Keeter et al., 2000) 우리나라는 훨씬 더 우려할 만한 수준임을 알 수 있다. 거절률을 포함한 전체 무응답률은 우리나라의 경우 대략 80~85%에 이른다. 응답률이 15~20%에 불과하다는 얘기이다.

응답률의 정의와 관련해서는 앞에서 소개하였다. 응답자수(즉 표본수)를 총통화시도수로 나눈 값이 가장 상식적인 정의이다. 응답률을 약간 다르게 정의하여 전화를 아예 받지 않은 경우는 총통화시도수에서 제외했을 때도 20.1%에 그치는 것으로 나타났다(G조사기관 조사, 조선일보 2007년 10월 30일자 보도).[22] 저자의 응답률 정의를 적용하면 20.1%보다 더 내려갈 것이 확실하다. 앞에서 〈표 4〉(응답률 표)를 통해 길게 살펴보았듯이, 15~20%에 불과한 낮은 응답률은 표본의 대표성을 의심할 근거가 되기에 충분하다는 점을 지적한다.

이제 우리나라 전화 여론조사의 표본추출방법(표집방법)인 '인

---

22) 아예 전화를 받지 않은 경우란 부재중, 통화중, 팩스로 연결되는 번호, 발신자 번호 표시기 등에 의한 낯선 번호 수신거부 등을 의미할 것이다. G조사기관의 응답률 정의는 조사에 참여한 사람들 수를 일단 통화에 성공한 번호 수로만 나눈 것으로 보인다. 통화에 성공한 번호는 (1) 조사에 참여한 번호, (2) 조사를 거절한 번호, (3) 조사원이 전화를 걸었을 때 수화기를 든 사람이 조사해야 할 표본에 해당되지 않은 경우(즉, 서울지역 20대 남자를 조사해야 하는데 여자가 수화기를 들었다든지, 서울지역 40대 남자 5명을 할당받고 이미 그 5명에 해당하는 사람들의 조사를 마쳤는데 다시 40대 남자가 수화기를 든 경우 등)로 구성될 것이다. 세 번째 경우는 빈도가 많지 않을 것으로 생각되는데, 만약 그렇다면 조사거절률이 허명회 교수가 발견한 수준(47.1%)보다 상당히 더 높게 나왔을 것이다. G조사기관의 해당 조사에서 세 번째 경우는 얼마나 되었는지, 응답률은 정확하게 어떻게 정의하였는지 궁금하다.

구비례 할당표집quota sampling'을 검토해보자. 인구비례 할당표집
이란 모집단의 지역·성·연령별 인구 구성비율이 표본에도 동일
하게 유지되도록 응답자를 선정하는 방식이다. 키쉬 그리드나 생
일법 같은 무작위표집random sampling 장치 없이 하루 만에 조사를
마치면서 그나마 표본의 대표성을 확보하려면 비확률표집 방법 중
하나인 할당표집의 얼개framework를 빌리는 것이 현실적인 선택이
다. 〈표 6〉은 1,000명 표본조사에서 지역·성·연령별로 각 셀cell,
낱칸에 해당하는 표본수를 정리해놓은 할당표이다.

〈표 6〉 표본 할당표

	남자					여자					합계
	20대	30대	40대	50+대	소계	20대	30대	40대	50+대	소계	
서울	24	26	22	32	104	25	25	23	36	109	213
부산	8	8	8	13	37	8	7	9	15	39	76
대구	6	6	6	8	26	5	6	6	9	26	52
인천	6	6	7	7	26	6	6	7	8	27	53
광주	3	3	3	4	13	3	3	3	5	14	27
대전	3	4	3	4	14	3	4	3	5	15	29
울산	2	3	3	3	11	2	3	3	3	11	22
경기	23	29	28	29	109	22	28	26	33	109	218
강원	3	3	4	6	16	3	3	3	7	16	32
충북	3	3	3	5	14	3	3	3	6	15	29
충남	4	4	4	7	19	4	4	4	9	21	40
전북	4	4	4	7	19	3	4	4	8	19	38
전남	4	4	4	8	20	3	3	4	10	20	40
경북	6	6	6	10	28	5	5	6	12	28	56
경남	7	7	8	10	32	6	7	7	13	33	65
제주	1	1	1	2	5	1	1	1	2	5	10
합계	107	117	114	155	493	102	112	112	181	507	1000

※ 2007년 주민등록 기준임. 20대는 19세를 포함하며, 50+대는 50대 이
상을 의미함.

1,000명 조사에는 약 30~40명의 조사원이 동원되고 조사원마다 25~35명의 표본을 할당받는다. 이때 각 조사원은 한두 개 낱칸cell 을 혼자서 다 맡는 것(예컨대 서울시 · 남성 · 30대 26명 전부, 또 는 서울시 · 여성 · 50대 이상 36명을 도맡아 그날의 할당량을 모 두 채우는 것)이 아니라 잘게 나누어진 여러 개 낱칸을 할당받는 다. 예를 들면 조사원 전지현 씨에게는 서울시 · 남성 · 30대 5명, 부산시 · 여성 · 20대 4명, 광주시 · 남성 · 40대 3명, 경기도 · 여 성 · 50대 4명, 충청남도 · 남성 · 20대 2명, 충청남도 · 여성 · 30대 4명, 인천시 · 남성 · 40대 4명이 할당된다. 혹시 있을지 모를 조사 원의 실수나 미숙함으로 인하여 조사가 완전히 왜곡되는 것을 방 지하기 위해서이다.

우리나라에서도 몇 년 전부터 이른바 메이저급 조사회사들은 대 부분 CATIComputer Aided Telephone Interview, 컴퓨터 보조 전화조사 시 스템을 도입하여 운용하고 있다. 종이 설문지 대신 컴퓨터 화면에 설문지를 띄우고, 응답 기입도 컴퓨터 화면에서 이루어진다. 회사 마다 사용하는 CATI 소프트웨어 프로그램에 차이가 있어 일괄적 으로 설명하기는 어렵지만, CATI 조사에서 조사원은 지역 · 성 · 연령별 표본수를 미리 할당받지 않는다. 과거와 달라진 점이다. 조 사대상으로 추출해놓은 전화번호 중에서 컴퓨터가 무작위로 골라 주는 번호가 화면에 뜨면 조사원은 그 번호에 전화를 건다(전화를 거는 것까지 아예 컴퓨터가 할 수도 있다). 조사원은 다음에 조사 해야 할 전화번호가 어느 지역이 될지 모른 채 컴퓨터가 띄워주는 대로 번호를 받아 전화를 거는 식으로 조사를 진행한다. 그러나 이 렇게 해도 한 조사원이 특정 지역을 도맡아 조사하는 일은 없다.

컴퓨터가 무작위로 번호를 골라주기 때문이다. CATI 조사에서도 조사원별로 얻어낸 표본이 지역 · 성 · 연령별로 다양하게 흩어져 있기는 과거와 마찬가지이다.

조사가 진행되면서 응답률 표(〈표 4〉)의 특정 낱칸에 할당된 표본수(예컨대 서울 · 여성 · 30대 25명)를 다 채웠을 때 처리도 예전과 같다. 컴퓨터는 전화를 받은 사람이 할당수가 이미 채워진 낱칸에 해당하면 조사가 진행되지 않도록 막는다. 이를테면 조사원이 응답자 연령대를 기입하려고 해당칸(예, 여성 · 30대)을 클릭하면 컴퓨터는 이미 조사 완료된 낱칸이라고 알려주고, 조사원은 바로 전화를 끊는다. CATI 조사는 과거에 비해 몇 가지 진일보한 부분이 있지만 할당표집의 얼개를 차용한다든지, 재전화를 하지 않는다든지 하는 조사의 기본 틀은 예전 그대로 유지하고 있다.[23]

저자는 비확률표집의 한 종류인 할당표집 방법의 얼개를 빌리는 것이 반드시 비확률표집을 의미하지는 않는다고 본다. 앞에서 비확률표집 조사의 종류를 언급하면서 할당표집이 비확률표집인 이유를 설명하였다. 다시 반복하면, 할당표집은 표본선정에 조사원의 의지가 개입하여 조사하기 쉬운 사람들로만 할당받은 만큼 표

---

23) 응답자에게 선택지 보기들choices의 순서를 번갈아 불러주는 것(로테이션rotation이라고 함)이 중요한 조사가 있다. 예컨대 후보 공천 조사가 그렇다. 어느 후보를 지지하는지 묻는 질문에서 후보 이름을 불러주는 순서가 응답에 영향을 미칠 수 있기 때문이다(이에 대해서는 나중에 자세히 다룸). 로테이션을 조사원에게 맡기면 제대로 안 될 때가 있는데, CATI에서는 컴퓨터가 알아서 해주므로 이 점을 고민할 필요가 없다. 그리고 조사 결과를 따로 코딩할 필요가 없다는 것도 CATI의 장점이다.

본으로 채우는 것이 가능하기 때문에 비확률표집으로 간주된다. 단순히 할당표집의 얼개를 빌린다는 사실만으로 우리나라의 전화 여론조사 표집방법을 비확률표집으로 못박고, 표본오차 개념 등을 사용하는 것이 온당치 못하다고 주장하는 것은 지나친 비판이란 생각이다. 우선, 조사대상 전화번호가 조사원의 의지 개입 없이 무작위로 추출된다는 점에서 그렇다. 그리고 조사가 이루어지지 않아 다른 번호로 대체할 때 조사원이 임의로 대체번호를 고르는 것이 아니라 일정한 객관적 원칙을 따르거나 컴퓨터가 골라준다는 점에서도 그렇다. 비록 전화를 걸어서 수화기를 드는 사람을 대상으로 조사를 진행하지만, 전화를 걸었을 때 누가 수화기를 드는지도 조사원의 의지와는 무관하게 결정되는 일이라는 점에서도 또한 그렇다.

우리 언론에 보도되는 전화 여론조사들이 엄격한 이론적 잣대로 보아 확률표집법을 사용하고 있지 않다는 주장에는 이견이 없다. 그렇지만 그 조사들의 표집방법은 앞에서 비확률표집의 한 종류로 소개한 할당표집과도 확실히 차이가 있다. 저자는 우리 여론조사의 품질에 문제가 적지 않다는 점을 부각시켜야 하는 입장이지만, 표본추출 방법 자체를 두고서는 지나치게 가혹하고 싶지 않다.

모집단과 동일한 지역·성·연령별 구성비율을 갖추는 것은 표본의 대표성을 담보하는 데 필요한 최소한의 조건을 충족시키는 일이다. 할당표집의 얼개가 지역·성·연령 구성비율을 모집단에 맞추기 위한 수단이라면 문제는 얼개가 아니라 그 얼개로 담아내는 내용물이다. 우리나라 전화 여론조사에 대한 비판은 표집방법 (즉, 할당표집의 얼개 차용) 자체보다는 표집의 결과물에 초점을 맞추어야 한다는 생각이다. 표본에 포함된 응답자가 저마다 내용적으로 모집단의 구성원들을 잘 대표할 때 비로소 표본의 대표성이 충분히 확보된다.

그렇다면 표집방법 자체에 대한 시비를 떠나, 우리나라 전화 여론조사의 표본이 내용적으로 모집단을 잘 대표하고 있는가? 이 질문에 대한 저자의 답은 부정적이다. 왜 그런지 따져보자. 낮은 전화번호 등재율에 대해서는 앞에서 지적한 바 있다. 수화기를 들고 전화를 받는 사람만을 대상으로 하는 조사가 갖는 한계에 대해서도 이미 언급하였다. 이에 더해, 하루 만에 재전화 없이 완료하는 조사는 우선 조사 당일 집에 있는 사람만을 대상으로 한다는 점에서도 표본의 대표성을 위협하는 요인이다. 집에 있는 시간이 긴 사람일수록 표본에 포함될 확률이 더 높기 때문이다. 그런데 집에 잘 붙어 있지 않고 밖으로 도는 사람도 그냥 그러는 것이 아니라 다 이유가 있는 법이다. 그리고 집에 있으면서도 조사를 거절하는 사람이 많은 현실도 주목해야 한다. 비록 표본이 지역·성·연령별 구성비율 면에서 모집단과 동일하다고 해도 높은 조사거절률은 표본의 대표성에 제기하는 의문을 강력하게 뒷받침하는 증좌가 된다.

이 모두를 뭉뚱그려 결론을 내리면, 우리나라 전화 여론조사의 표본은 지역·성·연령별로는 모집단의 구성비율에 맞추었지만 내용적으로는 모집단의 대표성을 충분히 확보했다고 볼 수 없다. 저자의 이러한 평가를 간접적으로 지원하는 예로, 당장 지역·성·연령별로는 모집단 구성비율에 동일하게 맞추지만 그 밖의 측면에서는 모집단과 유의미한 차이가 날 가능성이 낮지 않다는 점을 들 수 있다. 앞에서 예로 든 가정주부층의 과다표집도 그러한 가능성에 무게를 실어주는 하나의 증거이다.

세상에 공짜 점심은 없다고 한다. 조사기간과 비용을 획기적으로 줄이면서도 조사 품질은 그대로 유지할 수 있다면 그보다 더 맛있는 공짜 점심이 어디 있겠는가. 우리나라 전화 여론조사에서 표본의 문제는 할당표집 얼개를 차용한 것에서가 아니라 보다 근원적인 데서 찾아야 할 것이다. 낮은 조사단가도 그렇지만, 여론조사를 진열대의 상품처럼 돈만 내면 곧바로 골라잡을 수 있다고 생각하는 조사 의뢰인의 조급성도 하루 만에 조사를 마치는 업무관행이 뿌리를 내리는 데 일조하였다. 그 결과가 외형적으로는 대표성을 얼추 갖춘 것처럼 보이지만 내용적으로는 부실한 표본이다.

앞에서 우리나라의 폴러코스터 현상은 표본의 대표성 문제에서 그 원인을 찾을 수 있다고 지적하였다. 특정 조사기관의 표본은 대표성이 높고 다른 조사기관의 표본은 그렇지 못한 상황이 아니라는 점도 언급하였다. 모든 조사기관이 정도의 차이는 있을지언정 표본의 대표성 문제로부터 자유롭지 못하다는 평가는 가혹한 비판이 아니라는 생각이다.

2) ARS 여론조사

ARS 조사에 대해서도 언급이 필요한 듯하다. 최근 들어 ARS 조사 보도가 부쩍 늘었기 때문이다. 널리 알려진 것처럼 ARS 조사는 조사원이 실사를 맡지 않는다. 인구통계 관련 문항(성·연령 등)을 포함한 질문을 녹음으로 내보내고 응답자는 전화기의 숫자를 누르는 것으로 조사에 참여한다. 최근 들어 ARS 조사는 여론조사 시장에서 점유율을 늘려가고 있는 것으로 보인다. 특히 선거 여론 조사시장에서 그렇다. 아마 ARS 조사가 가진 신속성과 저비용이 라는 강점에 힘입은 덕분이 아닌가 한다.

ARS 조사는 미국에서 '총알bullet' 여론조사라는 별칭으로 불릴 만큼 신속하게 조사를 완료할 수 있는 강점을 가졌다. 전화회선과 컴퓨터만 충분히 확보하면 수 시간 내에 몇 십만 개 번호에 전화를 걸어 조사를 시도하는 것도 어려운 일이 아니다. 부재중이거나 통 화중인 번호는 컴퓨터 프로그램을 조정하여 한두 시간 후에 재전 화를 할 수도 있다. 같은 양의 통화를 시도하는 데 조사원을 동원 한다면 족히 몇 천 명은 필요할 것이다. ARS 조사회사의 능력(한 나절 동안 조사를 시도한 전화번호 개수)은 설비에 투입한 자금 규 모에 좌우된다.

ARS 조사의 또 다른 매력은 조사비용상의 강점이다. 특히 선거 철에는 이 강점이 더욱 두드러진다. 선거철이 되면 특수를 노리고 난립한 ARS 조사회사들 간에 치열한 경쟁이 벌어진다. 그 때문에 조사원을 이용한 조사의 1/4 이하 단가로도 조사 의뢰가 가능하 다. 선거철이 아닐 때는 조사단가가 다소 오르겠지만, 여전히 조사 원을 이용한 조사와는 비교가 되지 않을 만큼 저렴하다는 장점이 있다.

그렇다면 이제부터 조사원을 이용한 전화조사(이하 '조사원 전화조 사'로 부름)는 폐기하고 모두 ARS 조사로 대체하는 것이 마땅할까? 그렇지 않다. 세상에 공짜 점심은 없다는 말은 ARS 조사에도 해당 한다. 조사원 전화조사도 표본의 대표성을 의심할 만한 근거가 널린 실정이지만, ARS 조사는 그보다 훨씬 더 심각한 표본의 대표성 문제를 안고 있다. 무엇보다 ARS 조사는 응답률이 매우 저조하다. 저자는 2004년 총선에서 100개 이상의 ARS 조사를 들여다볼 기회를 가졌다. 그때 경험에 따르면 조사의 마지막 문항까지 다 응답한 사람의 비율은 대체로 6% 정도에 그쳤다. 저자의 경험은 2007년 대통령 선거를 앞두고 10월 2일 R조사기관이 CBS의 의뢰를 받아 실시한 조사 결과와도 크게 다르지 않다. ARS 조사 보도에서 응답률은 매우 드물게 제시되는데, CBS 보도에 따르면 그 조사의 응답자 수는 670명, 총통화시도수는 1만 3,954였다. 응답률은 670/13,954, 즉 4.8%에 머물렀다.

선거철에 온갖 후보의 여론조사가 폭주하여 유권자들이 상당한 성가심을 겪고 있다. 여론조사를 보는 시선이 곱지 않으니 조사거절률이 평소보다 더 높다고 보아야 할 것이다. 이를 감안하면 비非선거철에는 응답률이 다소 올라갈지도 모르나 아무리 높게 잡아도 10%를 넘지 못하리라고 생각한다. 응답률 5%가 의미하는 것은 무엇일까? 그것은 일단 선거철에 온갖 여론조사로 성가심을 당하는 가운데서도 녹음된 메시지에조차 응답을 해주는 '너그러운' 사람이 100개 전화번호 중에 5개꼴로 있다는 것을 나타낸다. 직관적으로 단순하게 해석하면, 그 5%는 100명 가운데 95명이 하지 않는 짓을 하는 사람들이다. 그들을 일반인들과 좀 다른, 약간 별난 사람들로 보는 것은 우리 상식에 크게 벗어나지 않을 것이다. 표본의 대표성에 문제가 있을 가능성이 높다는 말이다.

ARS 조사의 무응답은 조사원 전화조사보다 더 악성이다. ARS 조사에서는 거절률이 더 높을 것이기 때문에 그렇다. 사람이 전화를 걸어 부탁하는 것을 거절하기보다 녹음된 메시지를 거절하는 것이 심적으로 부담이 훨씬 덜하다. 앞에서 '무응답'은 조사거절 뿐만 아니라 부재중, 통화중, 수신거부, 팩스 연결 따위에서 비롯된 조사 불참도 포함한다고 설명하였다. 그리고 조사거절은 다른 종류의 무응답보다 표본의 대표성을 왜곡할 가능성이 더 크다는 점도 이미 여러 번 언급하였다. ARS 조사에서 조사거절률이 더 높다는 것은 표본의 대표성을 의심할 여지가 그만큼 더 많다는 것을 나타낸다.

낮은 응답률과 높은 거절률 외에 ARS 조사 표본의 대표성에 의문을 제기할 근거로 응답자 통제불가라는 문제도 있다. 조사원 전화조사도 전화벨이 울릴 때 전화받는 사람이 누가 되어야 할지 통제하지 못하기는 ARS 조사와 마찬가지이다. 그러나 조사원이 전화로 조사할 때는 조사에 참여할 자격이 없는 사람(예컨대 어린아이)을 걸러내는 통제가 가능하나 ARS 조사는 그것이 불가능하다. ARS 조사의 경우에 아이들이 전화를 받아 재미삼아 또는 호기심에 연령대를 묻는 질문에 20대나 50대 등에 해당하는 전화기 번호판을 누르고 조사에 참여하는 것을 막을 방법이 없다는 말이다.

응답자 통제불가에 속하는 또 다른 문제로 특정 계층의 과다 혹은 과소표집over-or under-sampling을 들 수 있다. ARS 조사에서 응답자들이 스스로 알아서 〈표 6〉 표본 할당표에서와 같은 지역·성·연령 구성비율에 맞추어 조사에 참여해줄 리는 만무하다. 가정주부나 노령층은 과다표집, 20~30대 남성은 과소표집될 가능성이 높으나 조사원 전화조사와는 달리 ARS 조사는 이를 통제하기가 쉽지 않다. 따라서 최종 응답자들의 인구통계적 분포는 모집단과 상당히 차이가 나게 된다. 예를 들어 표본 할당표에 따르면 1,000명 표본 전국조사에서 서울지역·여성·40대는 23명이 필요한데 41명이 응답했다든지 하는 경우이다.

물론, 모집단과 표본(응답자)의 인구통계적 구성비율상의 불일치는 가중치weighting 작업을 통해 보정할 수 있다. 가중치 작업이란 이를테면 1,000명 표본조사에서 대구시·남성·20대는 6명이 필요한데(표본 할당표를 볼 것) 조사에 응한 사람이 3명에 그쳤다면 응답자마다 2를 곱해 응답자 한 사람의 응답을 마치 두 사람의 응답인 양 응답자 비중을 높여주는 것을 말한다. 그런데 가중치는 논리적으로 별 문제가 없고 기술적으로도 복잡하지 않은 작업으로 보이지만, 그 이면에는 간과해서는 안 될 위험이 도사리고 있다. 이해를 돕기 위해 극단적인 경우를 예로 들면, 위의 대구시·남성·20대 응답자 3명이 모두 '노사모' 회원이고 민주당을 지지한다고 응답했다고 치자. 이들은 모집단(대구시의 20대 남성 전체)을 잘 대표하지 못하는 사람들임이 분명하다. 그냥 그대로도 대표성이 매우 떨어지는 표본인데, 모집단의 인구통계 비율에 따라 대구시·남성·20대에 할당된 6명을 다 채우려는 목적으로 그 3명의 응답을 6명의 응답처럼 만들고자 가중치(여기서는 2.0)를 주어 부풀리면 어떻게 될까? 그것은 이미 훼손된 표본의 대표성을 그만큼 더 증폭시켜 조사 정확성을 더욱 더 떨어뜨리는 결과를 낳게 된다. 가중치를 통한 보정은 응답자의 모집단 대표성이 확보된 경우에만 안전하게 수행할 수 있는 작업이다. ARS 조사처럼 표본의 대표성에 대한 우려가 적지 않다면 가중치 보정은 원칙적으로 삼가야 한다. 이 점에서도 ARS 조사는 한계를 보인다.

2008년 8월 말 언론 보도를 보면 주간 정례조사라는 이름으로 매주 또는 격주로 ARS 조사 결과를 발표하는 여론조사기관이 두 곳 있다(K조사기관, R조사기관). 저자는 그 두 기관이 어떻게 응답자 할당을 채우는지 몹시 궁금하다. 컴퓨터 프로그램을 통해 응답자 할당을 다 채운 낱칸(예컨대 서울·남성·40대에 해당하는 22명, 표본 할당표를 참조할 것)은 더 이상 응답이 들어오지 못하도록 막고, 할당수를 채우지 못한 낱칸(주로 20대가 할당수 채우기 어려움)은 다 채울 때까지 조사를 계속 진행하여 아예 가중치가 불필요하도록 만들어놓았는지 언제 기회가 닿으면 물어보고 싶다. 서울·남성·40대 응답자 22명은 이미 모두 확보되었는데 서울지역에서 40대 남성이 또 조사에 응하려고 하면 자동으로 전화가 끊어지게 컴퓨터를 프로그램밍하는 것이 기술적으로 어려운 일은 아니다. 그러나 이 경우 할당수를 다 채우지 못한 낱칸이 하나도 남지 않을 때까지 조사를 계속 진행해야 하므로 ARS 조사의 '신속성'이란 강점은 사라지게 된다. 더불어 응답률도 더 떨어지게 될 것이다.

지금까지 ARS 조사가 조사원 전화조사를 대체할 수 없는 까닭은 ARS 조사에서 표본의 대표성이 한층 더 심각하게 우려할 만하기 때문이라는 점을 길게 살펴보았다. 그러한 우려를 감안하면, "ARS 조사를 확률표집 조사로 간주하는 것이 과연 온당한 일인가?" 하는 질문도 가능하다. 이 질문에 누구도 시비를 걸지 못할 만큼 결정적 권위가 실린 답을 내놓기는 어렵다. 모집단값(모수치)을 안다면 ARS 조사 결과(통계치)와 비교하여 딱 부러진 답을 내놓을 수 있다. 예를 들면 선거 결과는 모수치가 되고 선거예측 조사 결과가 통계치가 될 수 있을 것이다. 그러나 실제 선거 결과와 ARS 조사를 이용한 선거예측 결과를 비교한 사례가 많지 않다. 조사원 전화조사와 ARS 조사를 비교하는 것도 하나의 방안이 될 것이다. 하지만 조사원 전화조사도 표본의 대표성 등 품질면에서 우려의 눈길을 받고 있는 처지여서 이 역시 결정적 권위를 실어주기에는 부족한 방안이라 하겠다.

ARS 조사가 명백히 확률표집 조사가 아닌 경우, 즉 100% 비확률 표집 조사로 보아야 하는 경우가 있다. 선거철이면 규모가 작은 선거구를 대상으로 종종 여론조사가 실시된다. 제주도처럼 유권자 수가 많지 않은 국회의원 선거구나 중소도시의 기초단체장(시장이나 군수) 선거구 여론조사를 예로 들 수 있다. 이때 ARS 조사는 응답률이 낮기 때문에 선거구 내 모든 전화번호를 대상으로 조사를 시도해야 한다(500명 표본을 얻기 위해서는 대략 1만 개, 1,000명 표본은 2만 개 정도의 전화번호를 조사대상으로 추출해야 하는 탓이다).[24] 이 경우 ARS 조사 표본에 포함되느냐 하는 문제는 전적으로 전화받는 사람의 의지에 달렸다. 다시 말해, 전화받는 사람이 조사에 참여하겠다고 선택하기만 하면 그 사람은 표본이 되는

---

24) 부연 설명을 위해, 저자의 고향인 경남 거창의 군수 선거를 예로 들어보자. 거창군에 거주하는 인구는 7만 명에 채 미치지 못한다. 농촌지역이어서 노인 가구가 많은 점을 고려하여 가구당 식구수는 평균 3명, 한국통신 전화번호 등재율은 평균을 훨씬 상회하는 75%로 잡아보자. 그러면 가구수는 대략 2만 3,000(7만/3) 정도가 되고, 등재된 전화번호 수는 얼추 1만 7,000개(2만 3,000 × 0.75)로 나온다. 선거철의 ARS 조사 응답률을 6% 내외로 보면, 1,000명 표본조사에는 대강 1만 7,000개 정도의 전화번호가 추출되어야 한다는 계산이 나온다. 다시 말해, 등재된 모든 전화번호를 조사 대상으로 삼아야 한다는 말이다.

것이다.

앞에서 조사는 묻고 답하는 것이고, 표본선정에 묻는 사람이나 응답하는 사람의 의지가 작용하면 그것은 확률표집의 기본 요건에 위배된다고 설명한 것을 기억하기 바란다. 표본선정이 전적으로 전화받는 사람의 선택에 따라 결정되므로 이때 ARS 조사는 명백히 비확률표집 조사가 된다. 한편, 선거구 규모가 크다면(예컨대 조사대상 전화번호가 10만개 정도) 조사대상으로 일부 전화번호만 추출되므로 표본에 포함되고 안 되고는 전화받는 사람의 선택 이전에 먼저 그 사람의 전화번호가 조사대상 번호로 선정되는 단계를 거쳐야 한다. 조사대상 번호로 선정되지 않으면 조사에 참여하고 싶어도 할 수가 없기 때문이다. 이때는 전화받는 사람의 의지가 표본으로 선정되고 말고를 전적으로 좌우하는 것은 아니다.

"ARS 조사를 확률표집 조사로 간주하는 것이 과연 온당한 일인가?"라는 질문을 조금 다른 각도에서 접근하는 것으로 ARS 조사에 대한 논의를 매듭짓도록 하자. 이미 여러 차례 언급한 대로, 우리나라 전화조사는 조사원을 이용한 경우이든 ARS 조사이든 표본의 대표성 문제에서 자유롭지 못한 실정이다. ARS 조사는 일반적으로 비용이 덜 소요되는 만큼 표본의 대표성 문제가 더 심각한 형편이다. 조사 결과의 정확성이 떨어질 가능성도 그만큼 더 높다. 이것은 ARS 조사가 특정 시점에 여론의 단면을 잘라 보여주는 칼로는 적절하지 않다는 사실을 지적하는 것이다. 그때그때 여론을 사진기처럼 찍어내고자 하면서 ARS 조사에 의지하는 것은 폴러코스터의 오르락내리락 높낮이를 더 증폭시키는 결과를 낳기 십상이다.

그렇다면 ARS 조사는 여론조사시장에서 퇴출시켜야 하는가? 잠시 이 질문에 답하기로 한다. ARS 조사의 원래 효용은 특정 시기에 여론을 정확하게 측정하는 데 있지 않다. ARS 조사는 푸쉬폴push poll, 여론조사를 빙자한 홍보에서 진가를 발휘할 수 있다. 불과 몇 시간 내에 100만 개 번호에도 전화를 걸 수 있는 강점은 ARS를 훌륭한 홍보수단으로 자리매김하게 해준다. 선관위가 촉각을 곤두세우고 있지만 선거법에 저촉되지 않도록 설문지를 창의적으로 구성하는 일은 어렵지 않다. ARS 조사는 인지도가 떨어지는 정치 신인에게 적지 않은 도움을 줄 수 있다.

ARS 조사가 추이조사tracking poll에서도 강점을 발휘한다는 주장이 있다. 조사에 대한 기대치를 낮춰 그때그때 정확한 여론을 읽어내겠다는 욕심을 버리고 시간의 흐름에 따른 대강의 추세만을 보겠다고 용도를 바꾸면 ARS 조사도 제 몫을 할 수 있다는 주장이다. 이러한 주장은 대체로 다음과 같은 논리에 근거를 두고 있다. "단 한 번의 조사를 놓고 보면 ARS 조사 응답자들은 거칠게 표현해 100명에 5~6명꼴이나 하는 짓을 마다않는 약간 별난 사람들이지만, 그 다음 조사에서도 비슷하게 별난 사람들이 응답자로 참여할 것이고, 연이은 조사들에서도 비슷한 부류가 표본을 이룰 것이다. 따라서 ARS 조사는 어떤 사건events이 여론에 반영되는 방향 또는 시간의 경과에 따른 대강의 추이 변화를 읽어내는 데는 유용한 수단이 될 수 있다. 특히 조사원 전화조사 1회 비용으로 3~4회에 걸친 ARS 추이조사가 가능하니 비용 측면의 강점을 감안하면 더욱 그렇다."

ARS 조사가 추이조사에서 한몫할 수 있다는 주장이 옳다고 판명

나면 ARS 조사는 여론조사시장에서 확실한 영주권을 얻는 셈이 될 것이다. 하지만 저자는 그러한 주장에 선뜻 동의하기가 어렵다. 위 주장은 논리면에서 설득력 있는 가설인지 모르나, 경험적 증거로 뒷받침되지 않기 때문이다. 이른바 '조사가 뛴다'고 하는 말이 있는데, 이것은 조사 결과가 널뛰기하는 것을 가리킨다. 저자의 개인적인 ARS 조사 경험에서도 그랬고, 언론에 보도된 ARS 조사기관의 조사 결과를 추적해보아도 조사가 뛸 때가 적지 않았다(이에 관해서는 앞에서 우리나라 폴러코스터 현상을 소개하면서 일부 사례를 제시했다). CBS에서 의뢰를 받아 ARS 조사를 자주 실시하던 R조사기관은 2009년 들어 휴대폰 조사로 조사방법을 바꾼 것으로 보인다. 이러한 사실도 ARS 조사가 추이조사에서 활용도가 높다는 주장을 간접적으로 반박하는 증거가 될 수 있을 것이다.

어쨌든, ARS 조사가 추이조사에서 활용도가 높다는 주장에 대해서는 "아직은 잘해야 가설 수준에 머무는 것 같으며, 확실하게 검증하려면 더 많은 조사 자료를 분석하는 것이 필요한 듯하다"라는 정도의 평결도 ARS 조사에 우호적인 시각에서 내린 결론이 아닐까 싶다. ARS 조사를 추이조사에 활용할지는 추세 분석을 얼마나 정밀하게 할 필요가 있는지를 잘 고려하여 신중하게 결정하는 것이 좋다는 말을 적는다.

휴대폰 조사가 거론된 김에 잠시 살펴보고 지나가도록 하자. 저자는 R조사기관의 휴대폰 조사가 어떤 방법으로 실시되는지 잘 알지 못하므로 일반적인 관점에서 언급하기로 한다. 일단 휴대폰 조사로 바꾼 것은 회사의 매출과 이윤 차원에서는 어떨지 몰라도 공신력 차원에서는 옳은 결정이라고 본다. 낮은 응답률을 개선할 가능성이 있기 때문이다. 그러나 휴대폰 조사도 기존의 유선 ARS 조사처럼 무작위로 추출한 번호에 전화를 걸어 녹음된 메시지로 조사 참여를 부탁하는 식으로 접근해서는 표본의 대표성 문제를 개선하는 데 한계가 따를 수밖에 없다. 하지만 휴대폰 조사가 패널[25)]을 구축하고 그 패널을 대상으로 ARS 방식으로 실시된다면, 그것은 기존의 ARS 조사와는 질적으로 다른 조사방법이 될 것이다. 기존 ARS 조사가 안고 있는 표본의 대표성 문제를 획기적으로 개선할 것이고, 동일한 표본이 조사에 계속 참여하는 만큼 여론의 추이를 미시적으로 살펴보는 일도 가능할 것이기 때문이다. 휴대폰 패널조사[26)]는 좋은 홍보수단과 저렴한 조사비용이라는 기존 ARS 조사의 강점과 무관하며, 조사비용은 오히려 단점으로 작용할 것이다.[27)]

---

25) '패널panel'이란 일정 기간 동안 주기적으로 여론조사에 계속 참여하기로 약속한 조사 표본을 말한다. 이들을 대상으로 실시하는 조사를 패널조사라고 한다. 패널 구축의 목적에 따라 어떤 사람이 패널에 포함되는지는 달라지나, 일단 패널이 모집단을 잘 대표하도록 구성해야 한다. 패널은 초기 구축비용과 그 이후 유지비용이 많이 든다. 패널 구성원으로 초대할 때 얼마간 금품을 제공해야 하고, 조사에 참여할 때마다 일정액의 사례를 지불해야 하기 때문이다. 그리고 패널은 주기적으로(이를테면 반년마다) 일정 비율(예컨대 1/3)을 교체해야 하는데 이때도 물론 비용이 소요된다. 패널은 중간 이탈자가 생길 것panel mortality을 감안해 보통 정해진 표본수의 1.5배로 구성한다. 예를 들면 1,000명 표본을 목표로 하면 패널은 1,500명이 된다. 패널조사에 대한 더 자세한 내용은 조사방법론 교과서 등을 참조하기 바란다.

26) 우리나라에도 7년여 동안 휴대폰 조사를 전문으로 해온 엠비존Mbizone이란 조사회사가 있다. 그 회사 대표에 따르면 휴대폰 패널을 100만 명가량 확보하여 우리나라 전체 유권자 표집틀로 삼아 정치·사회 여론조사를 실시해왔다.

27) 기존의 ARS 조사도 패널조사로 전환하는 것은 어떨지 묻는 독자가 있

마지막으로, 이 기회를 빌려 저자가 평소에 하고 싶었던 얘기를 사족으로 단다. 여론조사 정보의 유통자(언론 종사자들)에게 여론조사 보도는 조사 의뢰인, 조사 목적과 설계design를 비롯해 표본의 대표성, 응답률, 표본오차, 질문 문구, 응답 선택지 보기choices, 예컨대 4지 선다형, 5지 선다형 등 많은 면을 고려하여 신중해야 하지만, ARS 조사 보도는 특히 더 신중을 기해달라고 당부하고 싶다.[28] 요사이 ARS 조사 결과가 매주 적어도 한 번은 보도되고 있다. 라디오 프로그램이건 어디건 작은 코너에서라도 조사 결과가 언급되면 곧바로 인터넷 포털에 실린다. 주요 언론(조선·중앙·동아, 경향·한겨레, 인터넷 신문)은 정치적 입맛에 맞는 조사 결과가 나오면 저마다 적절한 분석을 가미해 인용하고, 그 내용이 다시 인터넷에 떠돌아다니며 정보유통이 확산된다. 이 과정에서 ARS 조사는 여론조사시장에서 활동을 더 강화하게 된다. 그 결과는? 지금 우리가 보고 있는 그대로이다. 가뜩이나 어지러운 폴로코스터를 더 심하게 출렁이도록 만들 수 있다. 유통자의 전반적인 공신력에도 금이 가는 것은 물론이다. 폴러코스터는 여론조사 생산자(조사업계)에게도 부메랑이 되어 돌아갈지 모른다. 업계 전체가 불신을

을지 모르겠다. 그런 시도는 불필요하다고 본다. 조사를 위해 패널 구성원을 접촉하기가 휴대폰 패널조사에서 훨씬 더 용이하고, 유선 ARS 조사에서는 패널로 정해진 사람이 실제로 응답하는지 통제하기가 어렵기 때문이다. 그리고 유선 ARS 패널조사의 경우에 접촉이 안 되는 구성원에게 조사를 위해 몇 번씩 반복해서 전화해야 한다면 휴대폰 패널조사와 비용상 크게 차이도 나지 않고, 조사 기간만 훨씬 길어질 것이다.

28) 조사 목적과 설계, 질문 문구, 응답 선택지 보기 등은 표본추출과 무관한 오류의 원천들이다. 이들은 다음에 자세히 다룬다.

당하고, 그 과정에서 시장 규모가 축소될 수 있기 때문이다.

여론조사 정보의 소비자(국민)에게도 부탁드린다. 수박도 당도에 따라 등급이 나눠지고 가격이 달라진다. 정보에도 등급이 없을 수 없다. 조사원 전화조사도 품질에 확신을 갖기 어려운 실정이지만 ARS 조사의 품질은 더욱 그렇다. 여론조사기관이 이윤을 추구하는 것과 정치집단이나 언론기관이 자기 합리화를 위해 조사 결과를 선택적으로 활용하는 것을 막을 수는 없는 노릇이다. 이러한 현실에서 등급을 보고 수박 가격을 치르듯, 여론조사 정보도 꼼꼼히 품질을 따져가며 소비해야 한다. 수박은 잘못 사면 환불이라도 되지만 정치나 역사에서 환불이란 존재하지도 않는 개념이다. 현명한 소비란 결국 안목이 뒷받침되어야 한다. 앞에서 밝힌 것처럼 이 책은 여론조사시장의 소비자인 국민에게 여론조사 상품이 만들어지는 공정을 들여다보는 기회를 제공하자는 데도 그 목적이 있다.

III. 비표본추출 오류
Errors Not Related to Sampling

앞에서 표본추출과 관련하여 여론조사에 매설된 오류의 지뢰들을 살펴보았다. 실제 조사에서 모집단을 잘 대표하는 표본을 확보하는 것이 얼마나 어려운 과제인지를 보여주는 데 논의의 초점을 맞추었다. 이제 표본추출과 무관하게 발생하는 여론조사의 오류 비非표본추출 오류, errors not related to sampling들을 짚어볼 차례이다.

먼저 표본오차 개념에 대한 기억을 되살려보자. "95% 신뢰수준에서 최대허용 표본오차는 ±3.1%P"에서 '표본오차 ±3.1%P'는 표본 1,000명을 통하여 거대한 모집단을 추정하는 데 따를 수밖에 없는 오류의 크기를 의미한다. 그것은 부실한 표집틀이 가져오는 오류, 대표성이 떨어지는 표본이 낳는 오류, 낮은 응답률에서 비롯되는 오류는 포함하지 않은 별개의 오류임을 유념하기 바란다. 표본오차란 어떤 여론조사든 기본으로 안고 있는 오류로서 가능한 최소minimal 크기를 말한다. 다시 말해, 표본오차는 여론조사 공정工程이 모두 완벽하게 진행되었을 때, 즉 표집틀이 모집단 구성원을 충실히 담고 있으며, 표본선정도 확률적 방법으로 이루어지고, 응답률도 높으며, 지금부터 다루고자 하는 표본추출과 무관한 오류들도 완전히 제거된 이상적인 경우에 해당하는 조사의 오류 크기이다. 표본오차가 의미하는 바는 이처럼 협소하다. 그럼에도, 여론조사 보도를 접할 때 우리는 표본오차를 마치 모든 오류를 다 담고 있는 수치인 것처럼 받아들이는 경향을 보인다. 물론 이는 오해이다. '이상적'인 경우를 실제에서 구현하기란 언제나 거의 불가능하기 때문이다.

여기에서 다룰 오류들은 표본추출과 무관하므로 당연히 표본오차에는 포함되지 않는다. 그 크기도 표본오차처럼 통계공식을 이용해 계산해낼 수 있는 것도 아니다. 하지만 분명한 것은 계산해내지 못한다고 존재를 부정할 수 없다는 사실이다. 계량화quantify하지 못한다는 것은 크기를 정확히 알지 못한다는 의미일 뿐이다. 여론조사 결과를 해석할 때는 항상 조사의 오류가 최소한 표본오차보다는 얼마간 더 크다는 점을 염두에 두고 접근하는 자세가 바람직하다.

표본추출과 무관하게 발생하는 오류, 즉 '비표본추출 오류'는 포착하여 교정하기가 표본추출 오류보다 더 어렵다. 표본추출 오류의 경우, 표집틀 문제는 모집단에 관한 정보를 구하여 평가하면 짐작이 가능하고, 시간과 비용을 투입하면 어렵지 않게 교정할 수 있을 때가 많다. 표본선정 문제도 시간과 비용의 제약만 없다면 키쉬 그리드나 생일법 같은 확률적 표집방법을 엄격하게 적용하거나 가중치로 보정하여 개선이 가능하다. 응답률도 여러 차례 재전화를 통하여 높일 수 있고, 표본오차도 계산이 가능하다. 반면, 비표본추출 오류는 종류도 다양하고 포착하기도 어려우며, 크기를 계산해낼 공식도 없다. 게다가 비표본추출 오류는 가중치나 키쉬 그리드, 재전화 등과 같이 오류를 교정하는 표준이 따로 마련되어 있는 것도 아니다.

비표본추출 오류가 존재한다는 것은 표본선정에 적용되는 과학적 방법(곧 확률표집)이 여론조사의 과학성을 담보하지 못한다는 사실을 알려주고 있다. 다시 말해, 표본선정이 아무리 과학적으로 이루어져도 여론조사 결과의 정확성validity[29]을 보장하는 조건을

---

29) 국내 학계에서 'validity'는 '타당도'라는 용어로 번역된다. 타당도는

부분적으로만 충족시킨 것에 지나지 않는다. 이 책은 비표본추출 오류를 크게 (1) 설문지 관련, (2) 응답자 관련, (3) 기타로 나누어 살펴보도록 하겠다. 이러한 분류는 논의의 편의를 위한 것이지 그 자체로 의미가 있지는 않다.

원래 '측정하고자 의도한 것을 얼마나 잘 측정하고 있는지A measure is valid if it actually measures what it purports to measure' 하는 관점에서 측정하는 자尺나 측정된 결과를 평가하는 개념이다. 이 책에서는 의미를 쉽게 전달하기 위해 타당도라는 전문용어 대신 '정확성' 또는 문맥에 따라 '유효성' 등으로 적는다.

1. 설문지 관련 오류

설문지가 만들어내는 오류questionnaire-related errors는 '측정도구 효과instrument effects' 라고도 한다. 설문지가 여론을 측정하는 도구이기 때문이다. 측정도구 효과란 짧게 정의하면 "응답은 결국 어떻게 묻는가에 달려 있다"라는 말이다. 설문지 관련 오류는 세 가지 종류, 즉 질문 문구 문제, 프레이밍framing 문제, 응답 선택지 문제로 구분할 수 있다.

1) 질문 문구 문제

질문 문구question wordings는 다시 다음 몇 가지 유형으로 세분할 수 있다.

(1) 애매모호한 문구

질문의 의미가 분명하지 않으면 응답의 의미 또한 명료하게 해석하기 어렵다. 우리나라와 다른 나라에서 실제로 사용된 애매모호한 문구ambiguous wordings의 질문을 예로 들어 살펴보자.

① "선생님께서는 얼마나 많은 공직자들이 약간 부패한 것으로 보십니까? 대부분, 상당수, 소수의 몇 사람, 전혀 없음 가운데 하나를 골라주십시오 How many public officials do you think are a little bit dishonest--most, some, a few, none?" 이 질문 문항은 미국 미시간대학 University of Michigan이 정치에 대한 국민의 신뢰를 측정하기 위해 잠시 사용한 적이 있다. 여론조사를 공부한 사람들 사이에서 널리 알려진 문항인데, 어디가 잘못된 질문일까? '약간 부패한a little bit dishonest'이라는 부분이 문제이다. 이 문항을 만든 사람은 미국의 공직자를 기본적으로 신뢰하는 편이다. 그래서 미국 공직자는 부패한 사람이라 해도 그 정도가 심하지는 않을 것이라고 생각한다. 그리고 다른 국민들도 다 그렇게 생각하리라는 믿음을 암암리에 질문의 전제로 깔고 있다. 공직자에 대한 자신의 신뢰를 응답자들에게 강요하는 잘못을 범한 셈이다. 질문을 만든 사람에게 '전혀 없음none'이란 응답의 의미는 미국 공직자는 모두 매우 청렴하기 때문에 '약간 부패한' 사람도 없다는 것이다. 하지만 미국 공직자를 신뢰하지 않는 응답자도 있을 수 있다. 그러한 응답자에게 '전혀 없음'은 "미국 공직자는 모두 심하게 부패했기 때문에 '약간 부패한 비교적 깨끗한' 사람마저 찾아볼 수 없다"라는 의미를 갖는다. 이렇듯 '전혀 없음'이라는 응답의 해석이 헷갈린다.

미시간대학은 여론조사 분야에서 세계를 선도하는 기관이다. 1940년대 이래 미국 연방정부로부터 거금을 지원받아 각종 여론조사를 실시해오고 있으며, 여론조사를 전공하는 대학원 학위과정도 개설하고 있다. 미시간대학조차 이처럼 문제 있는 문항을 처음부터 걸러내지 못하였다는 사실은 설문지 작성이 만만한 일이 아니라는 것을 깨닫게 해준다.

'반드시'나 '꼭' 등의 말을 사용한 질문도 같은 문제를 안고 있다. 예를 들면 "북한에 대해 반드시 식량을 지원해야 한다고 생각하십니까?"라고 질문하고 '예' 또는 '아니오' 중에서 고르라고 할 때 '아니오'란 응답은 "지원을 하는 것이 좋지만 반드시 그럴 필요는 없다"는 의미도 포함할 수 있다. 따라서 '아니오'란 응답을 모두 지원 자체에 대한 반대로 처리한다면 그것은 오류를 범하는 일이다.

② "사회보장social security 관련 채무는 정부 예산에 심각한 문제가 있다는 것을 나타낸다고 생각하십니까?" 이 질문에 대한 그렇다yes는 응답도 해석이 모호하다. 어떤 응답자에게 그것은 사회보장에 지나치게 많은 예산이 소모되고 있으므로 지출 감축이 필요하다는 의미일 것이다. 한편, 다른 응답자는 정부 예산이 사회보장에 적절한 자금을 할당하지 않기 때문에 그 분야에 채무가 발생하는 것으로 생각할 수 있다. 그러한 응답자에게 '그렇다'는 응답은 사회보장에 더 많은 예산을 할당해야 한다는 것을 의미한다. 이 질문은 "정부의 사회보장 지원 예산이 충분하다고 보십니까?" 아니면 "사회보장의 미래와 관련하여, 사회보장 기금이 충분치 않을까 걱정이 되십니까?"로 질문 목적에 따라 고쳐 묻는 것이 낫다.

③ "선생님께서는 정기적으로 운동을 하시거나 스포츠를 하시는 것이 있으신지요? Do you exercise or play sports regularly?" 국민 생활실태 조사에 자주 등장하는 질문 문항이다. 여기서도 '운동exercise' 이 응답자에 따라 다르게 해석될 여지가 있다는 점에서 애매한 문구가 된다. "선생님께서는 육체적 활동을 동반하는 스포츠나 취미, 혹은 걷기를 포함하여 어떤 운동이든 규칙적으로 하고 계시는 것이 있습니까? Do you do any sports or hobbies involving physical activities, or any exercise including walking, on a regular basis?" 로 바꾸는 것이 좋다.

④ "선생님께서는 스스로 진보 쪽에 속한다고 보세요, 보수 쪽에 속한다고 보세요?"[30] '국민 이념성향 조사' 라는 이름으로 이따금 언론에 보도되는 문항이다. 이 질문은 어디에 문제가 있을까? 진보나 보수는 너무 큰 말umbrella word이어서 많은 의미를 한꺼번에 담을 수가 있다. 정치학자들 사이에서도 그 의미를 두고 다툼이 있어 '논쟁의 대상이 되는 말contested concept' 로 불리기도 한다. 진보나 보수란 말은 응답자에 따라서 문항을 작성한 사람과 다르게 이해하는 것이 가능하다. 자연이 아니라 인간에 대한 조사에서 질문의 의미는 질문 자체에 명확하게 내재해 있기보다는 질문을 받는 사람이 의미를 부여할 때가 많다.[31] 사람의 태도나 의견을 묻는 질문

---

30) 개인의 주관적 이념 성향을 묻는 이 문항은 '매우 진보적' 에서 '매우 보수적' 까지 5점, 7점, 11점 척도로 조사된다(예컨대 11점 척도에서 0점은 '매우 진보적', 5점은 '중도적', 10점은 '매우 보수적').

31) 이 점에 관해서는 김홍규(2008) 『Q방법론: 과학철학, 이론, 분석 그리고 적용』이 좋은 참고가 될 것이다.

에서 의미 전달에 어느 정도 불명확성이 존재할 수밖에 없다는 말이다. 그런 만큼, 질문에 사용된 용어가 '큰 개념'일수록 문제가 발생할 개연성이 높다.

전화조사 질문 문항 하나에 주어지는 시간은 아무리 길어야 몇십 초이다. 아주 짧은 시간 안에 묻고 답하기를 마친다. 사람은 원래 정보처리를 대강대강 하는 존재이다. 그래서 '인지적 구두쇠 cognitive miser'라 불리기도 한다. 예컨대 보수라는 용어에 대해 어떤 판단을 내리기를 요구받았을 때, 보수와 관련되어 기억 속장기 기억, long-term memory에 저장된 모든 지식(정보)을 다 끄집어내 일일이 따져가며 활용하는 식으로 정보처리가 이루어지지 않는다는 말이다.[32] 대부분의 경우 '정보처리의 지름길information processing shortcut'을 택한다. 정보처리를 쉽고 편하게 할 수 있는 지름길을 탄다는 의미인데, 달리 표현하면 정보처리 대상을 인지적으로 단순화시킨다는 것이다. 일반 상황에서도 정보처리가 대강대강 이루어지는데, 짧은 시간 동안 묻고 답하는 여론조사에서 정보처리가 '지름길'을 탈 것이라는 점은 충분히 짐작할 수 있는 일이다.

보수라는 용어를 놓고는 주변에서 가장 흔히 접하는 정치집단이나 정치인이 정보처리의 지름길 노릇을 하기 십상이다. 이를테면

---

32) 장기 기억에서 불려나온primed 또는 activated 관련 정보(예컨대 보수 관련 지식)는 단기 기억short-term memory이라 불리는 곳에서 처리된다. 이에 관해서는 뒤에서 자세히 설명할 것이다. 인간의 정보처리 모델에 대해서는 지난 30년 동안 폭발적이라 할 만큼 많은 연구와 발전이 있었다. 정치 정보처리와 관련해서는 모든 정치심리학 교과서가 이를 다루고 있을 것이다. 이를테면 Oxford Handbook of Political Psychology, David O. Sears, Leonie Huddy, and Robert Jervis (2003) 참고할 것.

어떤 응답자는 보수라는 말을 듣고 한나라당을 머리에 떠올릴 수 있고, 다른 응답자는 이명박 대통령 또는 박근혜 의원으로 단순하게 의미를 부여할 수도 있다. 특정 신문(조중동 등)을 지름길로 삼는 응답자들도 있을 수 있다. 아마 특정 정책, 예컨대 종부세나 대북 정책상의 특정 입장을 지름길로 삼아 보수라는 용어를 이해하는 응답자도 적지 않을 것이다. 일부 기독교 목사 집단이 지름길 역할을 할지도 모른다. 자신이 보수 쪽에 가깝다는 응답들은 사실 하나의 우산 아래 이처럼 다양한 지름길에 대한 평가를 모아놓은 것이라 할 수 있다. 진보의 경우도 마찬가지여서 응답자별로 진보를 다양하게 해석하는 것이 가능하다.

보다 심각한 문제는 같은 응답자라도 질문 상황에 따라 다른 지름길을 택할 수도 있다는 사실이다. 6개월 전에 질문을 받았을 때는 '대통령 이명박' 이란 지름길에 기대어 자신이 보수를 어떻게 생각하는지 평가하였다가, 나중에 다시(예컨대 그로부터 4개월 후에) 질문을 받았을 때는 '종부세 정책' 을 지름길로 삼아 자신과 보수가 어떤 관계인지 판단할 수 있다는 말이다. 응답자가 어떤 지름길을 택할 것인지는 질문 당시 어떤 이슈가 사회적으로 크게 부각되어 있는가salient에 달려 있다. 그런데 이는 개인의 이념성향이 일관되지 않은 것으로 나타날 가능성도 있다는 점을 의미한다. 이념이란 체계화된 신념이므로 일관성이 전제되어야 한다. 짧은 기간 반복되는 조사에서 이념이 일관되지 않은 것으로 나타난다면 조사가 잘못된 것으로 보아야 할 것이다.

여론조사에서 질문의 의미를 전달하는 데 세심하게 주의를 기울여아 할 필요를 깨우쳐주는 예를 하나 들어보자. 초등학교 학부형이 학교를 방문하여 담임선생님을 처음으로 만나는 상황이다. 30대 후반으로 보이는 여선생님에게 학부형이 "아이가 몇이나 되세요?"라고 묻고, 선생님은 "28명입니다"라고 답한다. 일순 학부형은 놀란 토끼눈이 된다. 학부형은 선생님도 자신처럼 아이를 키우는 입장이기를 바라는 마음에서 자식은 몇이나 되는지를 물은 것인데 28명이라니 순간 깜짝 놀란 것이다. 한편 선생님은 학교에서 아이들 수를 물으니 당연히 담임으로 맡은 아이가 몇이냐고 묻는 줄 알고 그렇게 대답한 것이다. '아이'라는 단어처럼 의미가 분명하고 일상적으로 사용하는 용어조차도 상황에 따라 이와 같이 의미전달에 문제가 발생할 수 있다. 하물며 의미를 다양하게 부여할 수 있는 용어라면 말할 나위가 없을 것이다. 여론조사 설문지 작성에서 질문은 구체적이고 명확해야 한다는 것이 제1의 원칙이다. 큰 개념umbrella concept은 피해야 한다.

진보-보수 성향을 "스스로 진보라고 생각하는지, 아니면 보수라고 보는지"라는 문항('주관적 이념성향 문항') 하나로 묻는 것이 문제가 있다면 어떻게 물어야 할까? 이 질문은 진보와 보수의 구체적 내용, 예컨대 진보와 보수 이데올로기의 핵심을 이루는 내용, 진보와 보수의 입장이 잘 드러난 경제·사회정책 등을 다섯 가지 정도로 나열하고 그 하나하나마다 어느 쪽 입장에 더 가까운지를 묻는 방식으로 바꾸는 것이 좋다. 응답자의 진보-보수 성향은 다섯 가지 측면에 대한 응답들을 합산하여 측정할 수 있다. 물론 이렇게 하면 질문 문항 수가 늘어난다는 문제가 따르기는 한다.

실제로 조선일보, 중앙일보, 한국일보, 한겨레신문 등은 주관적 이념성향 문항이 안고 있는 문제점을 인식하고 저자가 권하는 대로 여러 문항multiple indicators을 사용하여 이념성향을 조사, 보도한 적도 있다. 예컨대 한겨레신문은 여러 정책 질문을 통하여 국민의 이념성향을 조사하였는데, '약자 배려' (대북지원과 정부 빈민지원)와 '국가안보' (미국 의견존중과 국가보안법 개정)라는 두 가지 측면이 한국인의 이념성향을 가장 잘 측정한다고 보도하였다(2006년 5월 15일). 이것은 주관적 이념성향 문항보다 위 두 측면에 해당하는 네 가지 질문 문항을 사용할 때 훨씬 더 바람직한reliable and valid 조사가 이루어진다는 것을 뜻한다. 조선일보도 2002년부터 국민의 이념성향을 정치, 경제, 사회 분야별로 다섯 개씩 총 15개 문항에 걸쳐 조사하고 그 결과를 매년 3월에 보도하고 있다. 각 분야별 질문 문항은 북한지원, 국가보안법, 경제성장 대 분배, 빈곤원인, 혼전 성관계, 선배 존중 등이다.[33]

⑤ "개혁도 중요하지만 사회안정에 더 신경써야 합니까? 아니면 안정도 중요하지만 개혁을 더 할 필요가 있습니까?" 이 질문은 어떤가? 국내 유수의 조사회사인 H조사기관이 실시한 국민 가치관 조사에 포함된 문항이다. 인터넷 신문 프레시안은 2005년 5월 27일 조사 결과를 다음과 같이 크게 인용 보도하였다.

'개혁도 중요하지만 사회안정에 더 신경써야 한다' 와 '안정도 중요하지만 개혁을 더 할 필요가 있다' 는 물음에 대해 68.4%는 전자,

---

33) 한국일보도 여러 정책 문항으로 이념성향을 측정하였다. 미국과의 관계, 여성 권익(호주제 폐지, 여성 의무고용할당) 정책 등이 측정 문항에 포함되었다(2003년 5월 28일 조사).

31.3%는 후자를 선택했다. 개혁보다는 안정에 힘써야 한다는 응답은 연령이 높을수록, 학력이 낮을수록 높게 나타났다. 이같은 현상은 최근 경제불안 재연에 따른 위기감과 함께, 열린우리당의 일관되지 못한 개혁 방향에 대한 실망감 등이 복합적으로 작용한 결과로 풀이되고 있다. 이밖에 정부예산을 '성장'에 우선적으로 사용할 것인가, '빈부격차'를 줄이는 데 우선적으로 사용할 것인가를 묻는 질문에 대해선 '성장' 쪽이 56.0%로 '분배'의 43.0%보다 다소 높게 나타났다.

이 문항은 몇 가지 문제점을 안고 있다. 첫째, '개혁'과 '안정'을 서로 대립하는 가치로 정의하여 개혁에는 불가피하게 불안정이 따른다고 개념화한 문제를 지적할 수 있다. 개혁을 하지 않아 초래되는 불안정의 예도 적지 않다. 멀리 갈 것도 없이 노무현 전 대통령이 좋은 사례이다. 노무현 대통령은 많은 지지자로부터 '좌회전 깜빡이를 켜고 우회전한 사람'이란 비난을 받았다. "미국과 FTA를 강행할 때 보여준 추진력으로 개혁입법을 밀어붙였더라면 무엇이든 성공하지 못했을까"라는 탄식이 지지자들 사이에 높았다. 지지자들의 눈에 개혁은 지지부진이었고, 그 결과 지지자 이탈이 계속되었다. 대통령 지지도 하락은 각종 선거에서 여권의 참패로 이어졌으며, 한나라당 등 소위 보수세력은 단합된 공세로 기세를 올렸다. 그 결과는 우리가 다 기억하는 것처럼 한층 더 심해진 갈등과 대립에 따른 불안정이었다. 노무현 대통령이 지지자들의 기대에 부응하여 개혁에 철저했더라면 지지도는 바닥권에 머물지 않았을 것이고 야권의 공세도 덜했을지 모른다. 이 문항은 개혁과 안정이 단일한 차원dimension에서 서로 대립하는 양끝이 아니라 차원을 달리 하는 개념일 수 있다는 점을 간과한 채, 질문자가 이해하는 대로 개혁과 안정을 이해하라고 응답자에게 강요하고 있다.

둘째, 앞에서 예로 든 진보나 보수라는 용어처럼 개혁이나 안정도 여러 의미를 담고 있는 다의적인 개념이어서 사람에 따라 다르게 이해할 수 있다는 점을 간과한 문제이다. 응답자들이 개혁을 여러 가지로 달리 이해한다면 조사 결과는 의미해석이 원천적으로 불가능하다. 물어보는 사람이 의미하는 개혁과 응답하는 사람이 이해하는 개혁이 다른데 그것을 무시하고 조사 결과를 해석한다면 견강부회에 지나지 않는다. 여론조사도 커뮤니케이션 상황에서 이루어지는 것이다. 커뮤니케이션의 의미전달에서 오는 혼란을 방지하려면 개혁과 안정이 각각 구체적으로 무엇을 의미하는지 알려준 후에 어느 것을 선호하는지 물어보아야 한다. 전화 조사여서 구체적인 정의를 적시하고 조사하는 것이 여의치 않다면, 정책 쟁점별로(예컨대 다섯 가지 정도) 개혁입장과 안정입장을 대비시켜 어느쪽 입장을 더 선호하는지 물어보는 방식이 바람직하다.

셋째 문제점은 조사 전문가들 사이에 '일반-구체 간의 괴리the general-specific gap'라고 알려진 현상과 관련이 있다. 이 용어는 적지 않은 사람들이 일반적이거나 추상적인 개념 수준general or abstract concept level에서 선호하는 입장과 구체적인 이슈 수준에서 취하는 입장이 다르다는 사실을 일컫는다. 이를테면 우리나라 국민은 통일에 대해 원론적이고 일반적인 수준에서는 대체로 찬성하는 편이지만, 북한 관련 정책(예컨대 식량지원이나 관광료 지불 등)에 대해서는 다른 입장을 취하는 경우가 많다. 프레시안이 인용보도한 조사 결과에서도 그러한 괴리general-specific gap의 예를 바로 찾아볼 수 있다. "정부예산 빈부격차 줄이는 데 사용" 대對 "성장 위주 사용"이란 질문 문항은 개혁 대 안정에 대한 선호를 구체적 정책 수준에서 묻는 예로 보아도 된다. 이 질문 문항의 조사 결과는 43% 대 56%로 나타났다. 이는 개혁 대 안정 선호를 일반적 수준에서 물었을 때 나온 결과인 31% 대 68%와 확연히 차이가 난다. 개혁을 선호하는 비율이 훨씬 높게 나타났다(31%→43%).

개혁 대 안정에 대한 국민 선호 여론조사 결과의 보도는 우리 사회의 어젠다 형성이나 정부의 정책방향에 중요한 영향을 미친다. 이처럼 중요한 이슈에 대한 여론조사는 잘못되면 나라를 오도할 수도 있다. 개혁 대 안정에 대한 선호는 원론적이고 일반적인 수준에서 간단히 조사할 것이 아니라, 구체적인 정책 수준에서 여러 개의 질문 문항에 걸쳐multiple items 더욱 정확valid하게 조사해야 한다는 것을 '일반-구체 간의 괴리'에서 다시 한 번 확인할 수 있다.

⑥ "민주주의와 경제발전 중 하나를 선택한다면 어떤 것이 더 중요하다고 생각하십니까?" R조사기관에서 사용한 문항으로 조사 결과를 언론 보도로 접한 기억이 있다. 이 문항도 조금만 눈여겨보면 적지 않은 문제를 찾을 수 있다. 우선, 민주주의라는 용어가 다의적인 개념이라는 점에서 그렇다. 의미 파악이 사람에 따라 다를 개연성이 높다. 둘째, 민주주의에 비해 경제발전은 훨씬 구체적이라는 점에서 선택지 사이에 균형이 맞지 않는다. 이렇듯 어긋난 균형 때문에 경제발전을 택할 응답자가 많을 것으로 예상한다. 사람들은 구체적인 혜택이나 손해에 더욱 민감하게 반응한다는 점에서 그렇다.

셋째, 비록 경제발전이 민주주의에 비해 훨씬 구체적이지만 경제발전도 여전히 애매한 부분이 있는 용어이다. 경제발전이 거시적으로 국가 경제의 발전을 의미하는지, 미시적으로 응답자 개인 경제상황의 호전을 의미하는지 분명치 않다. 예를 들어 다음 두 질문을 비교해보자. (A) "국가의 경제발전과 그로 인한 나의 개인적 경제사정 호전을 위해서라면 국민으로서 누려야 할 기본권에 제약이 따르는 것을 받아들일 수 있다." (B) "비록 나 자신의 개인적 경제사정은 나아지지 않더라도 국가의 경제발전을 위해서라면 국민으로서 누려야 할 기본권에 제약이 따르는 것을 받아들일 수 있다." 이 두 가지 질문을 하였을 때 동의한다는 응답 비율이 동일하게 나올까? 실험을 해보면 당장 알 수 있는 일이지만 저자는 질문 (A)에 동의하는 비율이 더 높게 나오리라 확신한다. 응답자가 '경제발전'을 어떻게 이해하는가에 따라 응답이 달라질 수 있음을 보여주는 예이다.

마지막 문제로, 이 질문은 저자 같은 사람에게는 무엇을 묻는지 분명하지 않기 때문에 답하기가 어렵다. 저자가 응답자라면 아마 '잘 모르겠다'라고 답할 것이다. 민주주의와 경제발전의 관계에 대해서는 많은 이론이 있다. 어느 것이 독립변수인지는 논란이 있지만, 민주주의와 경제발전이 서로 함께 가는move together 관계라는 것은 분명하다. 둘을 떼어놓고 생각하기가 어려우므로 이 질문이 애매하다고 받아들이는 응답자가 저자뿐만은 아닐 것이다. 엄마가 좋은지 아빠가 좋은지 어린아이들에게 물어보면, 엄마와 아빠가 부모라는 이름으로 함께 가는 존재이기 때문에 '둘 다' 아니면 '잘 몰라'라고 대답하는 경우가 많은 것과 비슷한 이치이다. 이렇게 애매하게 물어서는 질문 의도를 충분히 살릴 수 없으므로 이 문항은 다시 사용하지 않는 것이 좋다.

(2) 복합 질문

질문은 한 가지만 물어야 한다. 그래야 조사 결과를 정확하게 해석할 수가 있다. 복합 질문compound questions or double-trouble의 몇 가지 사례를 살펴보자.

① "수입 원유에 대한 세금을 올려 기름 소비량을 줄이는 것에 찬성하십니까? Do you favor reducing American use of gasoline by increasing our tax on foreign oil?" 이 문항은 얼핏 보아서는 문제가 없다. 그러나 세금인상과 기름 소비량 감축이라는 두 가지 사안을 하나의 질문에 동시에 담고 있다. 그래서 '반대' 한다는 응답은 세금인상에 대한 반대일 수도 있고, 기름 소비량 감축 자체에 대한 반대를 나타낼 수도 있다. 모든 사람이 기름 소비감축에 찬성할 것 같지만 사실은 그렇지 않다. 이를테면 기름 생산자 또는 판매자들은 거의 다 소비감축에 반대할 것이다. 이 문항은 다음과 같이 두 질문으로 나누는 것이 좋다. 먼저 (A) "기름 소비량을 줄여야 한다고 보십니까?" 라고 묻는다. 그러고 나서 이 질문에 그렇다yes고 응답한 사람들에게만 (B) "기름 소비를 줄이는 방안으로 수입 원유에 부과하는 세금을 인상하는 것에 찬성하십니까, 아니면 반대하십니까?" 라고 묻는다.

② "중산층을 지원하기 위해 세금을 줄이고 조세 체계를 바꾸는

것에 대해 어떻게 생각하십니까? Do you favor reducing taxes and restructuring the tax system to assist middle-income families?" 이 문항도 두 가지 사안을 동시에 묻고 있다. 세금인하는 찬성하지만 조세 체계를 재편할 필요까지는 없다고 보는 사람도 있을지 모른다.

③ 찬성 또는 반대를 묻는 다음 두 질문을 비교해 보자. (A) "어떤 견해를 가지고 있든지 말할 수 있는 자유는 모든 사람에게 보장되어야 한다고 본다 I believe in free speech for all, no matter what their views might be." (B) "공산주의자로 알려진 사람이 당신 동네에서 연설하기를 원한다고 가정하자. 그 사람의 연설은 허용되어야 하는가, 허용되지 않아야 하는가? Suppose an admitted Communist wanted to make a speech in your community. Should he be allowed to speak or not?" 질문 (A)에 찬성한 응답자 비율은 89%로 나왔다. 질문 B에 찬성한 응답자는 과연 몇 퍼센트나 될까? 68%였다.[34] 왜 이렇게 차이가 날까? 질문 (A)에서는 '말할 수 있는 자유' 하나만이 반응을 묻는 자극stimulus 으로 주어진 반면, 질문 (B)에서는 응답자들이 '연설 허용'과 '공산주의자'라는 두 개의 자극 포인트에 반응하였기 때문이다.

④ "'오늘의 독재자 김대중 대통령이 5 · 16 쿠데타를 일으킨 박정희 정권을 찬양하는 일은 용납할 수 없다'는 김영삼 전 대통령의 견해에 공감하시는지요?" 이 질문은 여론조사 전문기자를 두고 있는 이른바 메이저 신문 중 한 곳에서 1999년 5월 20일 실시한 조

---

34) 미국에서 행한 실제 실험 사례 결과이다.

사에 포함된 문항이다. 여론조사를 한답시고 모르는 사람이 뜬금없이 전화를 걸어와 무언가를 물으니 어떻게든 대답은 해야겠는데 도대체 무엇을 묻는 것인지 감을 잡지 못한 응답자가 많았을 것이다. 독자 여러분도 지금 옆에 누가 있으면 이 문항을 좀 읽어달라고 부탁하여 질문의 의미가 파악되는지 실험을 해보기 바란다.

이 문항에는 반응을 묻는 포인트가 너무 많다. 우선 '오늘의 독재자 김대중' 부분에서 DJ가 독재자인지 아닌지 반응을 묻는다. 그리고 DJ가 박정희 정권을 찬양했는지 그렇지 않았는지도 반응이 나올 만한 부분이다. 또 DJ가 박정희 정권을 찬양한 것이 용납되는지도 자극 포인트이다. 더불어 YS의 견해에 공감하는지까지 반응을 묻고 있다. 뭔가 묻고 있으니 응답자들은 어쨌든 찬성 아니면 반대라고 대답은 하였을 것이다. 하지만 그러한 응답에 무슨 의미를 부여할 수 있겠는가? 박정희 전 대통령기념관 건립을 추진하는 김대중 당시 대통령을 비난하는 YS 발언을 그대로 인용한 질문이지만, 전화 여론조사 질문으로는 시쳇말로 '대략 난감' 일등상감이다.

전임 대통령으로서 YS의 영향력을 측정하고 싶으면 단순하게 "김영삼 전 대통령이 전임 대통령으로서 역할을 잘 하고 있다고 보십니까?"라는 식으로 묻고, 한나라당 지지자들 사이에 '그렇다'는 응답이 얼마나 되는지, 영남지역에서는 긍정적인 응답이 얼마나 나오는지 분석하면 될 일이다. DJ의 박정희 전 대통령기념관 건립 추진에 대한 국민 여론을 알고 싶으면 "정부는 현재 박정희 전 대통령의 기념관 건립을 추진하고 있습니다. 이에 대해 찬성하십니까? 아니면 반대하십니까?" 정도로 단순명료하게 묻는 질문으로 대체해야 한다.

(3) 이중 부정 또는 혼란스러운 질문

이중 부정double-negatives or confusing stimuli은 말이 길어지고, 전화 커뮤니케이션 상황에서 응답자에게 혼란을 초래할 수도 있으므로 피해야 한다.

① "나치 정권이 유대인종의 말살을 시도했다는 것이 결코 역사적 사실이 아니라는 주장을 믿는 편이십니까, 믿지 않는 편이십니까? Does it seem possible or does it impossible to you that the Nazi extermination of the Jews never happened?" 로퍼 조사회사the Roper Organization라는 지명도 있는 기관의 질문으로 큰 논란을 낳은 유명한 문항이다. 이 질문에 응답자의 22%가 믿는 편seem possible이라고 답하였다. 미국민의 22%나 되는 사람이 홀로코스트가 역사적 사실이 아닐 수 있다고 본다는 보도가 나가자 즉각 소란이 일었다. 소란이 계속되자 갤럽이 나서서 "홀로코스트는 실제로 일어난 역사적 사실이라고 생각하십니까, 아니면 역사적 사실이 아니라고 생각하십니까? Do you doubt that the Holocaust actually happened or not?"라고 문구wordings를 고쳐 다시 물었다. 갤럽 조사에서는 응답자의 10%만이 홀로코스트가 역사적 사실이 아닐 수 있다고 보는 것으로 나타났다. 동일한 질문이지만 질문 문구에 따라 응답이 판이하게 나온 것이다.

② "미국은 니카라과를 더 이상 지원해서는 안 된다 The US should

not give further aid to Nicaragua"는 주장에 찬반을 묻는 질문은 어떤 가? 이 질문에는 별 문제가 없어 보이나 질문 문구가 그리 좋은 것은 아니다. "미국은 니카라과를 계속 지원해야 한다"는 주장에 찬반을 묻는 것이 응답자 입장에서 답하기가 편하다. 전화조사에서 문항 하나에 할당된 질문-응답 시간은 순식간에 가까울 만큼 매우 짧다는 점을 잊지 말아야 한다. 우리 경우로 바꾸어보자. "정부는 북한에 더 이상의 지원을 제공해서는 안 된다"라는 질문에 찬성하는 것은 지원 반대를, 반대하는 것은 지원 찬성을 의미하게 되어 응답자를 혼란스럽게 만들 수 있다. "정부는 북한에 지원을 계속해야 한다"에 찬성 또는 반대를 묻는 것이 응답자에게는 더 명료한 질문이다.

(4) 유도성 질문

응답을 특정 방향으로 유도하는 질문biased questions도 흔히 찾아볼 수 있다. 한 눈에 알아볼 만큼 노골적인 경우도 있고, 노련한 솜씨 뒤에 가려져 잘 드러나지 않는 경우도 있다.

① "특수 이익집단이 후보에게 어마어마한 선거자금을 제공하는 것을 완전히 차단하기 위해 법을 만들어야 한다고 보십니까? Should laws be passed to eliminate all possibilities of special interests giving huge sums of money to candidates?" 이 질문은 TV Guide라는 대중잡지가 조사한 것으로 99% 찬성 응답을 얻었다. '완전히 차단' '특수 이익집단' '어마어마한' 따위 말에는 감정이 실려 있다loaded words. 이러한 말은 응답자의 감정을 자극하여 응답을 특정 방향으로 유

도하기 쉽다. Time과 CNN 방송은 공동으로 동일한 질문을 다음과 같이 순화하여 물었다. "이익단체들이 선거 캠페인에 기부하는 것을 금지하는 법이 통과되어야 합니까, 아니면 그 단체들은 지지하는 후보에게 기부할 권리가 있습니까? Should laws be passed to prohibit interest groups from contributing to campaigns, or do groups have a right to contribute to the candidate they support?" 이 질문의 응답 결과는 어떻게 나왔을까? 이익단체의 기부를 금하는 법 통과를 찬성하는 응답은 40%에 그쳤다.

② "미국은 어때야 한다고 보십니까? 미국은 러시아 사람들과 긴장을 풀기 위해 더 노력해야 합니까, 아니면 러시아 사람들을 다룰 때 더 강하게 밀어붙여야 합니까? What do you think the US should do-- should the US try harder to relax tensions with the Russians or instead should it get tougher in its dealings with the Russians?" '더 강하게get tougher' 라는 표현은 감정을 자극한다. 이 질문에 응답자의 30%는 긴장완화를, 53%는 더 강하게 다룰 것을 선택하였다. 반면, 다음처럼 순화된 질문에서 응답 결과는 정반대로 나타났다. "데땅뜨, 즉 미국과 러시아가 동의와 협조의 영역을 만들어가는 것에 대해 찬성하십니까, 아니면 반대하십니까? Do you favor or oppose detente--that is, the US and Russia seeking out areas of agreement and cooperation?" 응답자의 69%는 데땅뜨를 찬성하였고, 19%만이 반대하는 것으로 나왔다.

③ "미국민은 집에 침입하는 자들에 대해 스스로 방어할 권리를 가져야만 한다고 믿는다 I believe that Americans should have the right to defend themselves against intruders."는 주장에 찬반을 묻는 질문이다. 이것은 총기 소지에 찬성하는 측이 사용한 문항이다.[35] 이 질문은 비용을 들여 조사할 것도 없이 찬성이 압도적으로 높을 것임을 예상할 수 있다. '침입자'라는 단어가 그렇게 유도할 것이기 때문이다. 비슷한 예로, 낙태에 반대하는 그룹이 사용한 질문이 있다. "어머니 뱃속에 있는 아기를 살해하는 것에 대해 찬성하십니까? Do you favor murdering babies in the womb?" 이러한 질문에 어느 응답자가 찬성한다고 할 수 있겠는가.

④ 위와 같은 엉터리 조사가 정말 있는지 의심하는 독자도 있을 것이다. 우리나라의 경우로 눈을 돌려보자. 오십보백보 격의 사례도 없지 않다. "최근 북한이 남한을 계속 비난하고 있습니다. 선생님은 이런 상황에서 정부가 북한에 식량과 비료를 지원하는 게 좋겠습니까?" '계속 비난한다'는 말로 감정을 자극한 후 지원 여부를 묻는다. 응답 결과는 지원 반대가 53.2%, 지원 찬성이 44.0%로 나왔다. 이 문항은 경향신문(2008년 5월 22일)에 '속보이는 통일부 설문'이란 제목으로 보도된 사례이다. 조사 용역을 맡은 곳도 메이저급에 속하는 조사회사이다. 통일부와 조사회사라는 갑과 을의 관계에서 무슨 얘기가 오갔는지는 '안 봐도 비디오'지만, 조사회사도 용역을 맡기에 급급하여 지켜야 할 선을 넘었다는 비난을 자초한 셈이다. 이런 질문 문구로는 조사를 할 수 없다고 버티는 전문가 의식을 조사업계 종사자 모두가 공유할 때 조사품질도 그만

---

35) 미국에서는 총기 소지 허용 여부가 중요한 정치 이슈이다. 후보들은 선거 때마다 대부분 총기 소지 허용에 관한 입장을 밝히라는 요구를 받는다.

큼 신뢰를 얻을 수 있을 것이다. 조사업계 종사자가 반성하면서 되짚어봐야 할 대목이 아닌가 한다.

통일부 관계 공무원들에게도 세금 내는 국민으로서 한 마디 보탠다. 문제의 이 조사에 1,000만 원 가까운 비용이 들었을 것이다. 아무리 "영혼이 없는 공무원"이라고 자조하는 처지이지만 국민 혈세를 이렇게 낭비해서는 안 된다. 여론조사는 정책 개발과 정책방향 결정, 정책 수요자 만족도 측정 등을 위한 도구로 활용해야 한다. 그래야 정당한 예산 집행이다. 통일부의 깊은 속을 알 수는 없지만, 질문을 왜곡하여 미리 정해놓은 정책을 합리화하는 수단으로 여론조사를 오용하는 것은 예산 유용에 버금가는 일로 보인다. 통일부 관계자들은 경향신문에 앙심을 품는 대신, 해당 보도를 공복의 자세가 어떠해야 하는지 진지하게 돌아보는 계기로 삼기 바란다. 통일부뿐만 아니라 다른 부처의 높은 분들도 국민이 원하는 바를 정책에 정확하게 반영하는 것이 사실은 정권을 돕는 길이라는 점을 알았으면 한다. 정책이 이데올로기의 틀에 갇히면 국민에게는 말할 나위도 없고, 정권에도 해가 된다.

다른 예를 하나 더 살펴보자. 2007년 노무현 대통령의 북한 방문은 원래 8월로 예정되었으나 북한이 수해를 이유로 연기를 요청하여 10월에 이루어졌다. 8월 정상회담 일정이 발표되었을 때, "대통령 선거를 4개월 정도 앞두고 있는 시점에서 남북 정상회담을 하는 것에 대해 어떻게 생각하십니까?"라는 질문 문구로 남북 정상회담에 대한 찬반 여론을 조사한 사례도 있다. 설명할 필요도 없이, '대통령 선거를 4개월 정도 앞두고'란 부분은 '정상회담 반대' 응답을 유도하기 위한 장치이다.

⑤ 통일부 사례와 비교하여 덜 노골적이지만 사람들의 입에 많이 오르내린 유도성 질문이 있다(조선일보 1999년 6월 3일). "김태정 현 법무장관 부인에 대한 고액의 옷 로비 사건은 현재 수사 중에 있습니다. 김태정 현 장관이 향후 거취를 어떻게 하는 것이 가장 바람직하다고 생각하십니까?" 이 질문에 주어진 선택지는 다음 셋이었다. (A) 사건 진상과 상관없이 장관직에서 물러나야 한다. (B) 밝혀질 사건 진상에 따라 향후 결정되어야 한다. (C) 사건과 직접적으로 관련이 없으므로 장관직을 물러날 필요가 없다. 이 질문은 어디에 문제가 있을까? 질문 도입부의 '현재 수사 중에 있다' 는 문구가 선택지의 '밝혀질 사건 진상에 따라' 로 자연스럽게 연결되는 흐름이 있다. 그리고 '물러나야 한다' 는 생각을 가진 응답자들도 '사건 진상과 상관없이 (무조건)' 이라는 강한 한정 어구 때문에 (A)번 선택지를 택하는 것이 편하지 않다. 이런 이유들로 응답자들은 모범답안인 (B)로 쏠리게 되어 있다. 실제 조사 결과도 (A)가 33%, (B)는 57%로 나타났다.

1999년 6월 1일 김대중 대통령은 러시아와 몽골 순방을 마치고 귀국한 직후 가진 기자회견에서 이 여론조사 결과를 언급하며 김태정 장관의 유임조치를 방어하였다. 저자는 그 기자회견을 DJ 정부의 변곡점으로 본다. DJ는 그전에 야당과 언론의 옷 로비 사건에 대한 비판을 '마녀사냥' 으로 되받아친 적이 있었다. 그 연장선에서 당시 기자회견은 국민의 마음속에 "아, 대통령은 우리하고는 말이 통하지 않는 사람이구나! 저 사람은 딴 세상에 살고 있구나!" 라는 절망감과 체념을 심어주었다. 요새 유행하는 말로 DJ의 기자회견은 국민에게 '소통불가' 를 절실히 깨닫게 해준 현장이었다.

'조중동'은 너 잘 걸렸다는 식으로 난타하기 시작했고, DJ 정부는 그때 돌아선 민심을 이후 다시는 되돌리지 못하고 임기 말까지 죽 내리막을 걷다가 막을 내렸다. 1999년 6월 3일 중앙일보 조사 보도에 따르면 "부인이 검찰조사 결과 무혐의 처리됐지만 도의적 책임을 지고 물러나야 한다"는 의견에 공감하는 응답자가 74.0%로 나타났다. 물론, 객관적이고 공정한 여론조사로 민심이 제대로 전달되었더라면 대통령이 김태정 장관을 해임했으리라고 볼 확실한 근거는 없다. 해임을 원하는 국민이 압도적 다수라는 민심을 접하였더라면 DJ가 6월 1일 귀국 기자회견에서 "국민의 요구에 따라 김태정 장관을 해임하겠다"라고 발표했으리라는 가정 하에, 문제의 유도성 질문은 DJ 정부에 매우 불행한 패착이었다고 평할 수 있다. 여론조사는 잘못되면 이처럼 판 전체의 흐름을 바꾸어 놓을 만큼 큰 피해를 줄 수 있다.

⑥ 고수의 솜씨가 녹아 있는 유도성 질문도 있다. 이런 질문은 좀처럼 포착하기 어렵다. "대통령의 아프리카 지원 정책에 대하여 찬성하십니까? Do you support the president's position on aid to Africa?" 이 질문에서 어떤 부분이 응답을 특정 방향으로 유도하고 있을까? "우리나라의 아프리카 지원 정책을 찬성하십니까?"라고 '대통령'을 언급하지 않고 묻는 경우와 비교해보면 답이 보인다. 우리 경우로 바꾸면 "대통령의 북한 지원 정책 전반에 대해 찬성하시는 편입니까, 아니면 반대하시는 편입니까?"와 "우리 정부의 북한 지원 정책 전반에 대해 찬성하시는 편입니까, 아니면 반대하시는 편입니까?"가 될 것이다. 두 질문은 응답 결과에서 차이가 날 수 있다.

국민에게 인기가 좋은 대통령이라면, 대통령을 언급한 질문이 그렇지 않은 질문보다 더 많은 찬성 응답을 얻어낼 가능성이 높기 때문이다.

(5) 상대적인 용어 사용

명확하지 않은 수나 양, 상대적인 용어relative language를 사용한 질문은 응답자를 혼란스럽게 만들고 조사 결과를 명확하게 해석하기도 어렵다.

① 잠시 쉬어가는 셈치고 우디 앨런Woody Allen 감독의 '애니 홀 Annie Hall' 이란 영화의 대사를 예로 들어보자. "얼마나 자주 섹스하는가? How often do you sleep together?" 라는 질문에 남자 주인공은 "거의 안 한다. 일주일에 세 번hardly ever, three times a week," 여자 주인공은 "늘 한다. 일주일에 세 번constantly, three times a week" 이라고 답하는 장면이 나온다. '일주일에 세 번' 이 어떤 사람에게는 성에 차지 않는 횟수이고, 다른 사람에게는 질리도록 많은 횟수로 받아들여지고 있음을 알 수 있다. 만약에 남녀 주인공이 '세 번' 이라는 표현을 빼고 '거의 안 한다' 와 '늘 한다' 라고만 대답했더라면, 남자 주인공의 응답은 0~1회, 여자 주인공의 응답은 6~7회 정도로 잘못 해석할 가능성이 높다. '얼마나 자주how often' 보다는 '몇 번how many times' 으로 묻는 것이 더 나은 질문 문구임을 보여주는 좋은 사례이다.

② "미국은 러시아에 상당히 더 많은 지원을 해야 합니까? Should the US be making more substantial contributions to Russia?" 여기서 '상당

히' 가 얼마를 의미하는지 사람에 따라 다르게 이해할 수 있다. 때문에 이 질문의 응답도 정확하게 해석하기가 불가능하다. 이렇게 묻기보다는 현재 지원 규모가 얼마인지를 밝힌 후, 그보다 지원을 더 많이 하는 것이 좋은지, 줄이는 것이 좋은지, 현재 수준을 유지하는 것이 좋은지를 물어야 제대로 된 답을 얻을 수 있다.

우리 경우로 눈을 돌려보자. "지금까지 남한이 북한에 많은 지원을 제공했지만 고맙다는 소리조차 듣지 못했다"라는 말이 정치권에서 나온다. 대북 지원 규모에 대한 국민들의 평가를 묻는 여론조사를 실시한다면 '상당히' 나 '많은' 등의 상대적 단어는 피하고, 지난 10년간 1년 평균 얼마 또는 지난 10년간 1년 평균 국민 한 사람당 얼마, 아니면 지난 10년간 국가예산에서 차지하는 비율 등과 같이 구체적인 수치를 제시하고 그에 대한 평가를 묻는 것이 바람직하다.

③ 국민 생활실태나 소비행태 조사도 많다. 공연장이나 극장을 찾는 횟수, 공원이나 산에 가는 횟수, 체육시설을 이용하는 횟수 등을 조사할 때 '얼마나 자주' 로 묻고, 응답도 '매우 자주 이용, 비교적 자주 이용, 띄엄띄엄 이용, 거의 이용 안 함' 중에서 하나를 고르라고 하는 사례가 있다. 문제가 있는 질문이다. '지난 1개월 동안 몇 번, 또는 지난 3개월 동안 몇 번' 식으로 묻고, 구체적인 횟수를 응답으로 받아야 한다.

(6) 기타

지금까지 질문 문구가 응답에 미치는 영향을 애매모호한 문구,

복합 질문, 이중 부정, 유도성 질문, 상대적 용어 사용이라는 다섯 가지 종류로 나누어 살펴보았다. 이 모든 종류의 문제를 다 고려하여 질문 문항을 만들어도 여전히 질문 문구가 응답에 미치는 영향을 100% 완벽하게 통제하였다고 볼 보장은 없다. 완벽한 질문을 만드는 것은 한마디로 지난한 작업이다. 여론조사 질문을 만들 때는 매우 세심한 주의가 필요하다는 말이다. 이를 한 번 더 강조하기 위하여 위 다섯 가지 종류에는 속하지 않지만 질문 문구에 따라 응답이 달라지는 사례를 몇 개 더 소개한다.

① "정부는 민주주의에 반대하는 연설을 공공장소에서 행하는 것을 금지해야 한다고 생각하십니까? Do you think the US should forbid public speeches against democracy?"이 질문에 찬성yes은 20%로 나타났다. 한편, "정부는 민주주의에 반대하는 연설을 공공장소에서 행하는 것을 허용해야 한다고 생각하십니까? Do you think the US should allow public speeches against democracy?"라고 '금지' 대신 '허용'이라는 말로 바꾸어 질문하였을 때 반대no는 45%로 나왔다. 허용에 반대하는 것이니 내용상 금지를 뜻한다. 그러나 '허용'으로 물었을 때 응답 결과는 '금지'로 물었을 때와 판이하다(45% 대 20%). 비슷한 예로, 불법체류자들에게 응급실 치료를 '거부해야 한다'는 주장에 찬성하는 응답은 38%였다. '거부해야 한다' 대신 '허용하지 않아야 한다'로 바꾸어 물었을 때 찬성하는 응답은 55%로 올라갔다.

미국에서 행한 여러 실험에 따르면, 자유나 권리를 제한하는 인상을 풍기는 용어들(예컨대 ban, constrain, control, forbid, restrict 등)은 부정적인 반응을 불러일으켜 찬성이나 동의yes 또는 agree 응답이 적게 나오는 경향이 있다고 한다. 우리나라에서도 비슷한 사례가 있다. 젊은 층의 가치관 조사에서 "혼전 성경험을 금해야 한다고 보는가?"라는 질문에 '그렇다'는 응답이 20% 정도 되는데 비해, "혼전 성경험을 허용해야 한다고 보는가?"라고 물을 때 '아니다'는 응답이 30% 정도로 10%P 이상 높게 나타난다고 한다.[36]

② 1986년 갤럽이 영국민에게 영국이 보유한 핵무기가 그들을 '안전safe' 하게 느끼도록 만드는지 물었을 때 응답자의 40%는 그렇다yes, 50%는 그렇지 않다no고 답하였다. 갤럽 조사 발표 직후 다른 조사기관Marplan Poll이 '안전'을 '더 안전safer' 이란 비교급으로 바꾸어 똑같이 질문하였을 때 응답자 반응은 그렇다yes가 50%, 그렇지 않다no가 36%로 달랐다. 질문 문구상 아주 미세한 차이에 불과했지만 응답은 판이하게 나왔다.

③ 미국에서 "균형예산을 위해 노령층 의료보장 지원을 줄이는 것을 선호하는지 prefer to cut Medicare in order to balance the budget" 물었을 때 응답자의 27%는 '그렇다', 67%는 '그렇지 않다'고 답하였다. 반면, "노령층 의료보장 지원을 제한하는 것을 선호하는지 prefer to limit Medicare in order to balance the budget"로 한 단어를 바꾸어cut→limit 동일한 내용을 물었을 때 응답은 '그렇다' 41%, '그렇

---

36) 광고회사를 운영하는 송기은 사장이 몇 년 전 저자에게 알려준 사례이다. 고마움을 표한다.

지 않다' 51%로 크게 차이가 났다. '줄이다cut'란 말도 '예산을 줄이다cut the budget', '직원 수를 줄이다cut a payroll', '물건 값을 낮추다cut prices'에서 처럼 선동적인 의미 없이 일상적으로 사용하는 단어이다. 때문에 줄이다cut는 단어를 사용한 질문의 응답 결과가 언론에 보도되더라도 질문의 공정성이나 객관성을 문제 삼아 비판하기가 쉽지 않다. '줄이다'는 단어가 응답을 특정 방향으로 유도하였다고 공격하면 질문을 만든 쪽에서는 그 단어가 어째서 공정하지 못하냐고 바로 반박할 것이다. 어쨌든, 질문에서 단어 하나 바꾼 차이가 응답에 미치는 영향은 예상을 훨씬 뛰어넘는다.

④ "대통령이 국정을 운영하는 방식을 지지하십니까, 지지하지 않으십니까? Do you approve or disapprove the way the president is handling his job as president?" 이 질문은 갤럽이 사용한 미국 대통령 국정운영 지지도 문항으로 응답자의 45%가 대통령의 국정운영을 지지하는 것으로 나타났다('강하게 지지strongly approve'와 '지지하는 편approve'이라는 응답을 합친 비율). 한편, 해리스Harris라는 조사회사는 같은 시기에 "대통령의 국정운영을 어떻게 평가하십니까? 매우 잘함, 잘하는 편, 그저 그런 편, 잘못함 중에서 골라주십시오 How do you rate the job the president is doing-excellent, pretty good, only fair, poor?"라고 물어 38%의 긍정 평가('매우 잘함'과 '잘하는 편' 응답을 합쳐서)를 얻었다. 지지approve라고 묻는 것과 평가rate라고 묻는 것도 응답 차이로 이어짐을 볼 수 있다. 여론조사 응답 결과는 이처럼 질문 문구에 민감하다.

지금까지 질문 문구가 응답에 미치는 영향을 살펴보았다. 여기까지 논의한 것만으로도 우리는 여론조사가 깨지기 쉬운 유리잔처럼 매우 섬세하게 접근해야 하는 작업임을 알게 되었다.

2) 프레이밍과 프라이밍 효과

이제 설문지 관련 오류의 두 번째 종류로서 질문의 의미를 특정한 시각에서 해석하도록 영향을 미치는 문제를 다루어보자.

프레임frame은 어떤 사안이나 문제를 해석하는 시각을 의미한다. 프레이밍framing이란 일반적으로 커뮤니케이션 소스(즉 정보 전달자)가 정보처리의 맥락context을 조정함으로써 전달하는 정보를 해석하는 시각perspective을 규정하는 행위를 일컫는다. 우리말로는 '틀짓기' 정도로 번역될 듯하다. 다시 말해, 전달하는 정보를 정보수용자 측(정보를 받는 사람)이 특정한 틀 속에서 바라보도록 만드는 것이 프레이밍이다.

한편, 프라이밍priming은 우리말로 '기억인출' 정도로 옮길 수 있는데, 이에 대해서는 약간의 전문적인 설명이 필요하다. 우리 머릿속에는 정보를 담고 있는 창고 역할을 하는 장기기억long-term memory과 필요할 때마다 창고에서 정보를 끄집어내 작업을 하는 공간인 단기기억short-term memory 또는 working memory라고도 함이 있다. 컴퓨터에 비유하면 장기기억은 하드드라이브, 단기기억은 램에 해당한다. 프라이밍은 어떤 이슈나 문제와 관련하여 장기기억에 저장되어 있는 많은 정보들 중에서 특정한 것들만 단기기억으로 불러오는 것을 말한다. 그런데 특정한 정보만이 작업공간으로 불려나와 활용되는 것은 프레이밍(틀짓기) 때문이다. 전문 용어로 다시 정의하면, 프레이밍은 장기기억에 저장되어 있는 많은 정보들 가운데 특정한 일부만이 단기기억으로 인출primed 또는 activated되도록 틀을 씌우는 것을 의미한다. 이렇게 보면, 프라이밍(기억인출)은 프레이밍의 결과물로 간주할 수도 있다.

프레이밍과 프라이밍은 개념상으로는 구분되지만 실제로는 일단 프레이밍이 작동하면 프라이밍은 연이어 자동으로 이루어지므로 분리하기가 어렵다. 비유를 들면, 프레이밍은 장기기억이라 불리는 마을의 몇몇 특정 번지들만 찾아가도록 정해주는 것이고, 프라이밍은 그 한정된 번지들에 사는 사람들을 일터인 단기기억이라는 공간으로 데리고 나오는 작업이다.

그런데 여론조사에서 프레이밍이 중요한 이유는 인간의 판단은 항상 맥락에 의존한다context-dependent는 점 때문이다. 맥락에서 분리되어 있는 판단은 존재하지 않는다는 사실을 기억하도록 하자. 인간의 정보처리에서 맥락이 수행하는 역할을 보여주는 맛보기로 퀴즈를 하나 풀어보자.

어느 화창한 봄날 아침에 아버지와 아들이 관계를 돈독히 하고자 드라이브를 나섰다. 아버지가 운전을 했는데 안타깝게도 얼마 지나지 않아 큰 교통사고가 났다. 아버지는 그 자리에서 즉사하고 아들은 중태에 빠졌다. 급하게 호출된 구급차는 아들을 싣고 근처 큰 병원 응급실로 나는 듯이 달렸다. 아들이 병원 응급실에 도착하자 대기하고 있던 의사가 나왔다. 환자를 본 의사는 놀라서 울며 말했다. "나는 손이 떨려 도저히 이 환자를 수술할 수 없습니다. 이 환자는 내 아들입니다."

128

자 퀴즈다. 이게 무슨 소리인가? 아버지는 분명 교통사고 현장에서 즉사하였는데 아들이라니…… 답을 말하자면 의사는 환자의 어머니이다. 응급실 외과의사가 여자일 수 있다는 생각을 사람들은 쉽게 하지 못한다. 그 허점을 찌른 것이 이 퀴즈이다. 여성의 권리를 주장하는 강연이나 여성의 권리에 관한 여론조사를 시작하기 전에 이런 퀴즈로 운을 떼면 어떤 결과가 따를까?[37] 이런 퀴즈 없이 시작하였을 때보다 여성의 권리 주장이 훨씬 잘 받아들여질 것이다.

(1) 질문 문구를 통한 프레이밍/프라이밍

여론조사의 대상이 되는 사안을 어떤 문구로 서술하는가는 관련 질문의 해석에 영향을 미치고, 그 결과로 응답에도 영향을 미친다. 질문 문구를 통한 프레이밍이란 앞에서 소개한 유도성 질문 사례들에서처럼 질문 문구가 응답에 영향을 미친다는 점에서는 동일하나, 앞의 예들과 달리 감정적이거나 선동적인 단어(예컨대 낙태를 '아기 살해'로 기술)를 사용하진 않는다는 차이가 있다. 감정적이거나 선동적인 문구를 사용하는 질문은 명백히 잘못된 것이다. 하지만 질문 문구를 통한 프레이밍은 선동적이지 않은 중립적 문구로 질문을 해석하는 시각을 규정하는 데 그치기 때문에 그 자체로 잘못된 질문으로 간주하기 어렵다.

질문 문구를 통한 프레이밍/프라이밍이 시사하는 바는 후보나 정책을 서술하는 말이 후보나 정책 그 자체만큼이나 중요하다는

---

37) 전화 여론조사에서는 이러한 퀴즈로 운을 떼는 것이 불가능하겠지만, 방문 여론조사(face-to-face interview)에서는 가능하다.

사실이다. MB 정부에서 공기업 민영화를 공기업 '선진화'로 바꿔 부르는 것도 공연한 말장난이 아니다.

① "연방정부는 사유재산의 사용에 영향을 미칠 규제를 만들 권한을 가져야만 한다고 보십니까, 아니면 사유지의 사용은 전적으로 소유자에게 일임해야 한다고 보십니까? Do you think that the federal government should have the right to set certain regulations affecting the use of private property, or do you think the use of private lands should be left solely up to the property owner?" 이 질문에서 정부의 규제권한 찬성은 8%, 반대는 59%로 나왔다. 한편, "연방정부는 만약 개발이 환경파괴나 오염을 초래할 가능성이 있다면 사유지 소유자가 자신의 땅을 개발하지 못하도록 막는 권한을 가져야만 한다고 보십니까, 아니면 그렇지 않다고 보십니까? Do you think that the federal government should or should not have the right to prevent owners of private land from developing the land if that development would involve harming or polluting the environment?"라는 질문에서는 정부의 권한에 찬성이 79%, 반대가 20%로 나타났다. 두 질문의 응답 차이는 두 개의 상이한 프레이밍 때문이다. 앞의 질문에서 정부 규제는 추상적인 개념으로 제시되어 사유권을 불필요하게 침범하는 간섭일 수 있다는 방향으로 해석된다. 반면, 뒤의 질문에서 정부 규제는 환경보호라는 구체적인 프레임 속에서 제시되고 있다.

② 모니카 르윈스키와 섹스 스캔들 이후 빌 클린턴 대통령은 탄핵소추의 위기를 맞은 적이 있다. 클린턴의 탄핵과 관련한 다음 두

질문을 비교해보자. "만약 하원 본회의에서 상원에 탄핵 조목들을 보내 심리를 요청하기로 가결한다면, 빌 클린턴이 대통령직에서 사임하는 것이 나라를 위해 더 낫다고 보십니까, 그렇지 않다고 보십니까? If the full House votes to send impeachment articles to the Senate for a trail, then do you think it would be better for the country if Bill Clinton resigned from office, or not?" 이 질문에 응답자의 43%는 클린턴의 사임을 선택했다. 한편, "만약 하원 본회의에서 빌 클린턴을 탄핵하기로 가결한다면, 클린턴이 대통령직에서 사임하는 것이 나라를 위해 더 낫다고 보십니까, 그렇지 않다고 보십니까? If the full House votes to impeach Bill Clinton, then do you think it would be better for the country if Bill Clinton resigned from office, or not?"라는 질문에서 클린턴의 사임을 선택한 응답자는 60%로 나타났다.

클린턴의 사임에 찬성한 응답이 두 질문 사이에 17%P나 차이가 났다. 첫 번째 질문은 상원에서의 심리trail라는 문구를 사용함으로써 하원의 투표 가결이 탄핵과 관련된 절차의 종결을 의미하지 않는다고 프레이밍한 반면, 두 번째 질문에서는 상원의 심리라는 말을 빠트림으로써 하원의 탄핵 가결을 유죄와 동일하게 해석하도록 프레이밍한 차이 때문이다. 그렇지만 두 번째 질문도 응답자를 오도하는 왜곡된 질문이라고 올가미를 씌우기 어렵다. 질문을 만든 사람이 빠져나갈 구멍을 마련해놓은 것으로 보인다는 점에서 그렇다. "하원이 탄핵안을 가결한다면 상원을 언급할 필요도 없이 그것 자체로 정치적 의미가 지대하고, 그럴 경우 국민이 어떻게 반응할지를 조사했다"라고 질문 작성자가 자신을 변호하고 나서면 더 이상 그를 공공연히 비난하기가 힘들다.

언론의 여론조사 보도에서 설문지를 함께 제시하지 않거나, 질문 문구를 자세히 언급하지 않고 넘어가는 경우가 적지 않다. 그리고 일반 독자들도 질문 문구의 영향을 잘 알지 못하므로 여론조사 보도를 접할 때 질문 내용에는 주의를 기울이지 않는 편이다. 여기에 인용한 클린턴 탄핵 관련 질문은 여론조사가 정치적으로 어떻게 오용될 수 있는지를 잘 보여주는 사례이다.

③ "정부는 어느 영역에서 예산 감축을 가장 많이 해야 한다고 보십니까? Which area do you think the government should cut the budget most?"이 질문에서 응답자의 9%만이 '가난한 사람들 지원aid to the needy'을 골랐다. 하지만 가난한 사람들 지원을 '공공복지 프로그램public welfare program'으로 다르게 표현했을 때는 결과가 판이하였다. 이때는 응답자의 39%가 선택하였다. 30%P의 차이는 표현 wording의 차이가 낳은 프레이밍 효과를 나타낸다.

영리 의료법인 도입이나 내국인 카지노 설립 등과 같이 사회적으로 논란이 분분한 사안들에 대한 여론조사도 질문의 프레임에 따라 결과가 달라질 수 있다. 이를테면 경제발전이나 지역경제 활성화 프레임으로 질문할 때와 의료 양극화(또는 의료비 상승)나 범죄증가 프레임으로 질문할 때는 응답 결과에 큰 차이가 날 것이다. 균형 잡힌 질문이라면 양쪽 프레임을 다 제시하고 어느 주장에 더 공감하는지를 물어야 할 것이다.

(2) 질문 순서를 통한 프레이밍/프라이밍

전화 여론조사 설문지는 보통 10문항 이상을 포함한다. 그래서 경우에 따라서는 선행 문항이 후속 문항을 해석하는 맥락으로 작용할 수 있다. 사람은 가능하면 일관되게 행동하려는 동기를 갖고 있기 때문이다. 질문 순서question order에 의한 프레이밍은 '일관성 왜곡consistency bias'이라고 다르게 부르기도 한다. 이를 잘 예시하는 농담 한 토막 하고 넘어가도록 하자.

어느 나른한 오후였다. 정신과 병원에 40대 사내가 헐레벌떡 숨을 몰아쉬며 들어와 의사 앞에 앉았다. "선생님, 선생님 보시기에 제가 사람이 맞지요?" 의사 선생 왈, "예, 그럼요. 미남이신데요." 사내는 이어서 "그런데, 저는 왜 제가 사람이 아니라 자꾸 개라는 생각이 드는지 모르겠습니다. 왜 그럴까요?"라고 물었다. 의사 선생이 대답하고 묻기를, "아, 그러세요? 참 잘생긴 분이신데… 그럼, 언제부터 자신이 사람이 아니라 개라고 생각하시게 되었습니까?" 사내가 대답하기를…… "제가 강아지 때부터요."

농담이지만 일관되게 행동하고자 하는 욕구는 미친 사람에게서 조차 찾아볼 수 있을 만큼 인간의 행동을 강하게 지배하는 동기임을 알려준다.

① "미국은 외국의 공산주의 신문 기자들이 미국에 와서 보고 들은 대로 자신들의 나라 신문에 뉴스를 송고하는 것을 허용해야 한다고 생각하십니까? Do you think the US should let Communist newspaper reporters from other countries come in here and send back to their papers the news as they see it?" 이 질문에 대해서 응답자의 55%

가 그렇다yes라고 답했다. 그런데 이 질문이 "러시아와 같은 공산주의 국가는 미국 신문기자들이 입국해서 거기서 보고 들은 대로 미국으로 뉴스를 송고하는 것을 허용해야 한다고 생각하십니까? Do you think a Communist country like Russia should let American newspaper reporters come in and send back to America the news as they see it?"라는 질문 다음에 나올 때는 어떨까? 응답자의 75%가 외국 공산주의 신문기자들의 입국과 자국으로의 뉴스 송고를 허용해야 한다고 생각하는 것으로 나타났다. 그렇다yes는 응답이 20%P 늘어난 셈이다. 선행 질문에 대한 응답이 후속 질문 응답의 맥락으로 작용하였기 때문이다. 미국 기자가 러시아에 가서 자유로이 활동하는 것에는 대부분의 응답자가 동의하였을 것이다. 이어서 등장하는 외국 기자의 미국 입국과 자유로운 취재활동 허용을 묻는 질문에 "허용해야 한다"고 응답하는 것이 일관되므로 그렇다yes는 응답이 20%P나 더 나온 것이다.

후속 질문에 영향을 줄 수 있는 문항들을 불가피하게 여러 개 연달아물어야 하는 경우에는 문항들 사이에 관련이 없는 질문을 끼워넣어 선행 문항에 대한 응답의 기억을 잠시 지우는 방법을 쓰기도 한다. 예를 들면 국회의원 선거조사에서는 현직자에게 호감을 가지고 있는지, 그에게 투표할 것인지 등을 물어야 한다. 이때 호감 여부를 묻고 바로 현직자 지지 여부를 묻기보다는 그 질문들 사이에 이번 선거에 투표할 의향은 얼마나 있는지, 또는 주변 사람들과 정치 이야기를 나눌 때 주로 말을 하는 편인지 아니면 듣는 편인지 등과 같은 문항을 끼워넣을 수 있다는 말이다.

② "우리나라는 현재 옳은 방향으로 나아가고 있다고 보십니까,

아니면 잘못된 방향으로 나아가고 있다고 보십니까? Do you think this country is heading in the right or wrong direction?" 이 문항은 미국의 정치 여론조사에서 붙박이 격으로 자주 묻는 질문이다. 이 질문 다음에 대통령 국정운영 지지도 문항 "조지 부시가 대통령으로서 국정을 잘 운영하고 있다고 보십니까, 아니면 잘못 운영하고 있다고 보십니까? Do you approve or disapprove of the job George Bush is doing as president?"를 물을 수 있고, 순서를 바꾸어 대통령 지지도 문항을 먼저 묻고 나라가 옳은 방향으로 나아가는지를 이어서 물을 수도 있다. 어느 순서로 물을 때 부시 대통령의 지지도가 더 높게 나올까? 대통령 지지도 문항을 먼저 묻는 경우가 뒤에 물을 때보다 6%P 더 높게 나타났다.

선행 질문의 내용이 그 다음 질문을 해석하는 시각을 결정한다. 나라가 옳은 방향으로 나아가고 있는지를 먼저 물으면 응답자들은 부시 대통령의 다른 면은 고려하지 않고 나라가 제대로 된 방향으로 나아가고 있는지 아닌지의 관점에서만 국정운영을 평가하도록 프레이밍된다. 나라의 현재 형편에 대해서는 어느 나라 국민 할 것 없이 만족보다는 불만족스럽다고 평가하기 쉽다. "요새 젊은 놈들은 싸가지가 없다"는 평가가 몇천 년 동안 지속되고 있는 것과 비슷한 경우이다. 때문에 어느 대통령이든 국정운영 지지도는 나라가 제대로 돌아가고 있는지를 묻는 질문에 선행할 때 더 높게 나오는 경향을 보인다.

③ 인종 편견에 대한 여론조사 결과도 마찬가지이다. "흑인은 게으르다"는 주장에 공감하는 응답은 그 질문이 소수인종 우대정책

affirmative action에 대하여 어떻게 생각하는지를 묻는 문항 다음에 나온 경우에는 31%였으나, 소수인종 우대정책 문항 없이 단독으로 제시되었을 때는 20%에 그치는 것으로 나타났다.

④ "만약 임신한 여자가 결혼한 사람이고 더 이상 아이를 원하지 않는다면, 낙태를 법적으로 허용해야 한다고 생각하십니까? Do you think it should be possible for a pregnant woman to obtain a legal abortion if she is married and does not want any more children?" 이 질문은 낙태에 관한 일반적general 질문이다. 낙태에 대해서는 다음과 같이 보다 구체적specific으로 찬반을 물을 수도 있다. "만약 태아에 심각한 결함이 있을 가능성이 크다면, 낙태를 법적으로 허용해야 한다고 생각하십니까? Do you think it should be possible for a pregnant woman to obtain a legal abortion if there is a strong chance of serious defect in the baby?" 이 두 질문에서 일반적인 질문은 구체적인 질문보다 앞에 나올 때가 그 반대의 경우보다 훨씬 더 많은 낙태허용 찬성 응답을 얻는다고 한다. 왜 그럴까? 구체적인 질문이 먼저 나오면 낙태허용이 구체적 이유와 결부되므로 낙태는 납득할 만한 이유가 있을 때만 제한적으로 허용해야 하는 것으로 프레이밍된다. 따라서 이 경우 응답자는 낙태허용 여부를 일반적으로 묻는 후속 질문에는 찬성하기 어렵기 때문에 그렇다.

반면, 구체적 질문에 대한 응답은 질문 순서에 관계없이 동일하게 나타난다고 한다. 이는 여론조사 설문지를 작성하는 사람이 일반적 수준과 구체적 수준으로 나누어 질문 문항을 만들고, 일반적 질문의 위치를 조정함으로써 자신의 입맛에 맞는 응답 결과를 얻는 것이 때로는 가능하다는 사실을 우리에게 귀띔해주는 것이다.

(3) 기타 방식의 질문 맥락 조정을 통한 프레이밍/프라이밍

위에서는 연이어 나오는 질문들의 순서를 조정하거나 선행 질문을 끼워넣는 방식으로 질문 맥락question context을 조정하여 질문의 해석에 영향을 주는 사례들을 짚어보았다. 질문 맥락을 조정하는 다른 방식도 가능하다. 몇 가지 사례를 살펴보자.

① 대통령 국정운영 지지도나 대통령 재선 지지도(대통령이 재선에 나설 때 지지 의향 정도) 문항은 설문지의 앞부분에 일찍 나올 경우와 뒷부분에 늦게 나올 때 응답 결과가 다르다. 대통령 지지도는 전반부에 일찍 물으면 대체로 더 높게 나타난다. 설문지 후반부에서 늦게 질문할 때는 앞서 나온 여러 가지 질문에 답하는 과정에서 응답자가 대통령에 관한 이런저런 부정적인 기억을 떠올리게, 즉 프라이밍하게 되기 때문이다. 대통령에 관한 긍정적인 평가도 기억 속에 저장되어 있겠지만 그것보다는 부정적인 평가가 머릿속에 떠오르게 될primed, 즉 장기 기억에서 단기 기억으로 불려나올 가능성이 더 높은 것은 이전에 언급하였듯이, 인간은 얻는 것보다 잃는 것에 더 민감한 존재인 까닭이다.

② 대부분의 정치 여론조사에서 정당 지지도 문항을 맨 마지막에 넣는 것도 그 문항에 대한 응답이 다른 문항들의 응답에 영향을 주지 못하도록 막기 위함이다. 앞에서 정당 지지도는 개별 정치인(예 대통령)에 대한 지지도에 비하여 비탄력적(다시 말해, 시간의

경과에 따른 변동이 상대적으로 작음)이라고 설명한 대목을 기억하기 바란다. 한 개인이 특정 정당을 지지한다는 것은 심리적 유대감을 포함하고 있다는 점에서 그 사람에게 정치세계를 이해하고 평가하는 닻anchor의 역할을 하는 경우가 많다. 그런 만큼, 정당 지지도 문항을 설문지 앞부분에 배치하면 그에 대한 응답이 뒤에 나오는 여러 문항들의 응답에 영향을 미칠 가능성이 높다. 이 가능성을 차단하고자 정치 여론조사에서 정당 지지도 문항은 보통 가장 마지막에 배치한다.

정당 지지도 문항의 배치와 관련하여 저자는 조사회사에서 밥벌이를 하던 2001년 초에 일종의 설문지 신뢰도 검증reliability test 실험을 할 기회가 있었다. 두 가지 버전으로 설문지를 만들어 응답자 2,000명을 반으로 나눠(설문지당 표본 1,000명) 응답 결과를 비교한 반분법split-half method 검증이었다. 설문지 A에서는 정당 지지도 문항을 관례대로 맨 마지막(16번째)에 배치하였고, 설문지 B에서는 중간쯤인 9번째 문항으로 배치하였다. 조사 결과는 〈표 7〉과 같았다.

〈표 7〉 설문지별 정당 지지도(%)

	민주당	한나라당	자민련	모름/무응답
설문지 A	36.2	15.8	2.9	45.1
설문지 B	25.8	16.8	2.0	55.4

민주당 지지도는 두 설문지 사이에 뚜렷한 차이를 보였다. 설문지 A에서 민주당 지지도가 훨씬 높게 나온 것은 정당 지지도 문항

바로 앞에 대통령 선거 가상대결 문항이 세 개 연이어 들어간 때문
으로 분석되었다(설문지 B에서는 정당 지지도 문항이 가상대결
문항보다 앞에 나온다). 가상대결 질문은 "다음 대통령 선거에서
민주당 후보로 OOO 씨, 한나라당 후보로 이회창 씨가 출마한다면
선생님은 누구를 지지하시겠습니까?"라고 묻는데, 한나라당은 이
회창 씨로 후보가 고정되어 있었지만 민주당은 그렇지를 못한 상황
이었다. 당시 민주당의 잠재 후보로 거론되던 김중권, 노무현, 이인
제로 후보 이름을 바꿔가면서 질문하느라 가상대결 문항이 세 개로
늘어났다.

한나라당 이회창 후보를 고정시켜놓고 민주당 후보에 변화를 준
세 개의 문항이 잇달아 나오자 응답자들의 머릿속에서 민주당 관
련 정보처리가 더 활발해졌다. 다시 말해, 응답자들은 한나라당보
다 민주당을 더 강한 자극으로 느낀 것이다. 이것이 곧바로 이어서
나오는 정당 지지도 문항에서 정당 선호가 확고하지 않은 응답자
들(무당층)에게 영향을 미쳐 '민주당 지지'라는 응답이 더 높게
나오는 것으로 이어졌다(설문지 A는 B보다 '모름/무응답'이 더
적고, 한나라당과 자민련 지지 응답에서는 별 차이가 없다).[38] 정
당 지지도 문항이 다른 문항에 영향을 준 사례가 아니라 반대로 다
른 문항의 영향을 받은 경우이기는 하지만, 이 실험은 질문 문항의
위치가 응답에 영향을 미친다는 주장을 실증적으로 생생하게 뒷받
침한다.

---

38) 이 실험 결과는 논문으로 발표되거나 언론에 보도된 적이 없다. 설문지
(A, B)와 각 설문지의 조사 결과는 조사회사의 재산이므로 여기서 더
이상 자세하게 소개하지 못함을 이해해주기 바란다.

③ 질문을 이끄는 도입 문장lead-in sentence도 질문의 맥락으로 작용할 수 있다. 따라서 그런 문장의 유무도 질문 해석에 영향을 미쳐 응답 결과의 차이로 이어지게 된다. 다음 두 질문을 비교해보자. 먼저, 도입 문장이 있는 경우이다. "이제 선생님 인생의 두 가지 측면에 대해 질문을 드리겠습니다도입 문장, Now we'd like to ask about two aspects of your life. 결혼생활에 대해 얼마나 만족하시는지요? How satisfied are you with your marriage? 그럼, 인생 전체에 대해서는 얼마나 만족하시는지요? How satisfied are you with your life in general?" 다음은 도입 문장이 없는 질문이다. "결혼생활에 대해 얼마나 만족하시는지요?" "그럼, 인생 전체에 대해서는 얼마나 만족하시는지요?" 두 질문 간 차이는 도입 문장의 유무뿐이다. 나머지는 완벽하게 동일하다.

도입 문장이 어떤 영향을 미쳤을까? 도입 문장이 없는 질문부터 살펴보자. 결혼생활에 만족도가 높다고 답한 응답자는 인생 전체에 대해서도 만족도가 높은 편이라고 대답하기 쉽다. 결혼생활 만족도를 묻는 질문에 "그래, 내가 다른 복은 몰라도 마누라(남편) 복은 있는 것 같아. 좋은 여자(남자) 만나서 그런대로 순탄하게 살아왔지. 음, 그래. 100점 만점에 한 90점은 되지"라고 대답하였다면, 그 응답자는 인생 전체에 대한 질문에도 "특별히 이룬 것은 없지만 결혼생활도 순탄하게 해왔으니 그래도 괜찮은 편이지. 음, 보자… 인생 전체에 대해서는 한 85점은 되는 것 같아"라고 답하는 것이 자연스럽다. 이 경우 높은 결혼생활 만족도는 인생 전체에 대한 만족도를 자기 쪽으로 당겨 올리는pull 역할을 한다. 이를 전문용어로 동화효과assimilation effects라 부른다.

한편, 도입 문장이 있는 질문에서는 이야기가 달라진다. 도입 문장은 응답자가 결혼생활과 인생 전체를 분리하여 생각하도록 영향을 미친다. 다시 말해, 결혼생활 만족도를 묻는 질문에 답한 후, 인생 전체의 만족도를 묻는 질문이 나오면 응답자는 결혼생활 측면은 빼고 인생 전체에 대해 얼마나 만족하는지 생각하여 답하게 된다. 결혼생활 만족도를 묻는 질문에 "그래, 내가 다른 복은 몰라도 마누라 복은 있는 것 같아. 좋은 여자 만나서 그런대로 순탄하게 살아왔지. 음, 그래. 100점 만점에 한 90점은 되지"라고 동일하게 답하는 것으로 시작한다. 그러나 이어서 인생 전체에 대한 만족도 질문이 나오면, "내 인생의 두 측면에서 만족도를 묻는다고 했는데 결혼생활을 물었으니 이제 그 부분은 빼고 나머지 인생이 어떤지를 답하면 되지. 음, 결혼생활이야 좋은 여자 만난 덕분에 순탄했지만, 그것 빼고 나면 내 인생 뭐 별거 있나. 특별히 이뤄 놓은 것도 없고… 갑자기 우울해지네…… 한 75점이나 될까"라고 대답하기 쉽다. 이 경우 높은 결혼생활 만족도는 인생 전체에 대한 만족도를 아래로 밀어내리는push 역할을 한다. 이는 전문용어로 대비 효과contrast effects라 한다.

이 예는 도입 문장도 질문의 해석에 영향을 미치는 맥락으로 작용할 수 있다는 것을 보여준다. 여기서도 우리는 질문의 해석이 단순히 질문 문구에만 좌우되는 것이 아니라 질문이 놓여 있는 맥락 속에서 이루어진다는 사실을 다시 확인하게 된다. 참고로, 이 예에서처럼 결혼생활이라는 구체적인 부분에 대한 질문이 인생 전체 만족도란 일반적인 질문보다 먼저 나올 때 도입 문장의 프레이밍 효과가 발휘된다는 점도 주목할 대목이다. 인생 전체 만족도 질문이 먼저 나오면 도입 문장은 영향을 미치지 못한다. 다시 강조하지만, 여론조사는 질문 맥락에 매우 예민하게 반응하는 변덕꾸러기 비슷한 존재이다.

그런데 문제는 질문 맥락을 의도적으로 조정하려는 시도가 있었다고 하더라도 그것을 알아차리기가 쉽지 않고, 그런 시도를 알아차려도 공정하지 못하거나 객관적이지 않은 여론조사라고 비난하기도 쉽지 않다는 것이다. 도입 문장이 있건 없건 모두 정당하고 객관적인 질문이라고 주장해도 시비를 따지기가 어렵다. 이번 예에서도 도입 문장은 단순히 응답자에게 질문을 소개하는 역할만 하는 것으로 받아들이기 쉽다. 웬만한 전문가가 아니고서는 문제의 도입 문장이 응답자의 질문 해석에 영향을 미치도록 의도된 것이라고 보지 못할 것이다.

3) 응답 선택지 효과

선택지response choices란 우리가 흔히 '보기'라고 부르는 것을 말한다. 질문이 이른바 '객관식closed-ended'일 때 응답으로 고르라고 제시한 보기들이 선택지이다. 질문 문구나 순서, 질문 맥락과 마찬가지로 선택지도 응답에 영향을 미칠 수 있다. 이제 선택지의 영향을 살펴봄으로써 여론조사 결과라는 것이 얼마나 불안정한volatile 지를 다시 확인하도록 하자.

(1) 균형 대 불균형 선택지

여론을 정확하게 측정하려면 선택지의 균형balanced을 맞추는 것이 필수적이다. 질문이 어느 사안의 한쪽 면만 언급해서는 안 된다.

① "사형제도에 대해 찬성하십니까? Do you favor the death penalty?" 라고 묻고 그렇다yes, 그렇지 않다no 중에서 고르라고 하면 무슨 문제가 발생할까? 실제 여론보다 사형제를 찬성하는 응답이 더 많이 나올 가능성이 높다. 실제 찬성 여론보다 더 많이 나온 부분, 그 것이 여론을 측정하는 도구인 설문지에서 비롯된 오류이다. "사형 제도에 대해 찬성하십니까, 아니면 반대하십니까? Do you favor or oppose the death penalty?" 라고 묻고 찬성favor, 반대oppose 중에서 선택하게 하는 것이 더 좋은 질문이다.

(2) 숫자로 나타낸 선택지

때때로 양이나 빈도, 또는 정도를 점수numeric values로 환산해서 고르라고 하는 질문이 있다. 이와 관련한 문제를 알아보자.

① "선생님 삶이 얼마나 성공적이었다고 생각하세요? How successful would you say you have been in life?" 라는 질문을 '전혀 성공적이지 못 하다not at all successful' 부터 '지극히 성공적이다extremely successful' 까지 11점 평가 척도11-point rating scale로 묻는 경우를 가정하자. 그 런데 11점 척도를 0점(전혀 성공적이지 못하다)부터 10점(지극히 성공적이다)까지로 정할 수도 있고, -5점부터 +5점까지로 정할 수도 있다. 독일에서 행한 실험에 따르면, 0~10점 척도를 사용하 였을 때 응답자의 34%가 0점에서 5점 사이의 점수를 택하였다. 반 면, -5점에서 +5점 척도에서는 응답자의 13%만이 상응하는 점수

대인 −5점에서 0점 사이의 점수를 택한 것으로 나타났다. 사용한 척도에 따라 응답 결과에 큰 차이가 난 것이다.

왜 그럴까? 제시된 선택지에 따라 응답자들이 질문의 의미를 다르게 해석한 탓이다. 이는 선택지도 질문 해석의 맥락이 될 수 있다는 것을 뜻한다. 응답자들은 척도에 따라 '전혀 성공적이지 못하다'는 말의 의미를 다르게 해석하였다. 그 말을 0점으로 나타낼 때 응답자들은 그것을 '성공의 부재absence of success'로 이해하였다. 한편, 그 말을 −5점으로 나타내고 0점을 중간값midpoint으로 줄 때, 즉 제로 값 이하 음수 영역에 속할 때는 '실패의 존재presence of failure'를 의미하는 것으로 해석하였다. 자기 인생에서 성공이 없었음을 인정하는 것이 실패가 있었음을 인정하는 것보다 심리적으로 덜 고통스럽다. 그리고 구체적으로 실패 사례를 찾아내는 것이 뭉뚱그려서 성공이 없었음에 동의하는 것보다 인지적으로 더 어려운demanding 일이기도 하다.

② 어떤 행위의 빈도를 조사하는 경우에 '거의 안 한다rarely'부터 '자주 한다very frequently'를 5점 척도로 사용하여 점수로 응답을 받을 수 있다. 그때 1~5점 척도로 나타낼 수도 있고, 0~4점 척도를 사용해도 된다. 응답자들은 1~5점 척도보다 0~4점 척도에서 자신들의 행위빈도를 더 높게 평가하는 경향을 보인다고 한다. 즉, 1~5점 척도에서 1을 선택하는 응답자들이 0~4점 척도에서 0을 고르는 응답자들보다 다 많다는 말이다. '거의 안 한다rarely'를 0점으로 나타내면 응답자들은 '거의 안 함'을 '한 번도 안 함never'으로 해석하도록 유도되기 때문이다.

144

(3) 선택지 순서 방향

숫자가 아니라 말로 선택지verbal rating scale를 만들 때 행위빈도나 평가 정도의 순서를 어떻게 배치하는가도 응답 결과에 영향을 준다. 이를 선택지 순서 방향response order effects or direction of rank-ordering 효과라 한다.

① 질문 내용에 상관없이 선택지가 '최대에서 최소most-to-least' 순서를 이루고 있을 때, 응답자들은 보다 높은 빈도나 정도를 응답으로 선택하는 경향을 보인다고 한다. 이를테면 어떤 행위의 빈도(예컨대 근무 중에 업무와 무관한 인터넷 사이트 방문하기)를 묻는 경우에 선택지는 '자주' '때때로' '드물게' '전혀(방문하지 않음)'처럼 '최대→최소' 순서로 제시할 수 있고, 그 반대인 '최소→최대' 순서('전혀 방문하지 않음' '드물게' '때때로' '자주')로도 할 수 있다. 최대→최소 순서일 때 '자주'나 '때때로' 응답이 더 많이 나오는 경향이 있다고 한다.

② 위와 비슷한 갈래에 속하는 선택지 순서 효과인데, 선택지의 양 끝점end points도 어떻게 배치하는가에 따라 다른 결과를 얻는다고 한다. 쉬운 예로, 이명박 대통령을 좋아하는지, 싫어하는지를 묻는다고 하자. 이때 선택지는 '매우 좋아한다' '좋아하는 편이다' '그저 그렇다' '싫어하는 편이다' '매우 싫어한다'가 될 수 있다. 여기서 양 끝점은 '매우 좋아한다'와 '매우 싫어한다'이다. 이 긍정과 부정의 양 끝점은 어느 것이든 먼저 제시될 때 그렇지 않을 때보다 더 많은 응답을 받기 쉽다고 한다. 다시 말해, 이명박

대통령을 강하게 긍정하는 응답을 조금이라도 더 많이 얻고 싶다면 선택지는 '매우 좋아한다' '좋아하는 편이다' '그저 그렇다' '싫어하는 편이다' '매우 싫어한다'의 순서로 제시하는 것이 좋다는 말이다. 물론, 강하게 부정하는 응답을 조금이라도 더 많이 얻고자 하면 선택지는 그 반대로, 즉 '매우 싫어한다'가 맨 먼저 오도록 제시해야 한다. 이는 일종의 '초두효과primacy effect, 가장 먼저 제시될 때 더 많은 응답을 받는 것'가 작용한 것으로 볼 수도 있다.

참고로, 초두효과에 대비되는 '최신효과recency effect, 가장 나중에 제시될 때 더 많은 응답을 받는 것'라는 것도 있다. 예를 들어보자. 2007년 12월 대통령 선거를 앞두고 당시 여권에서는 여름까지도 뚜렷한 주자가 부상하지 못한 가운데 도토리 키재기 식으로 많은 잠재 후보들이 거명되었다. 범여권의 후보들을 놓고 지지도 조사를 실시할 때 강금실, 김근태, 문국현, 손학규, 이해찬, 정동영, 정운찬, 한명숙 등 여러 이름을 선택지로 제시해야 하는 상황이 벌어졌다. 최신효과는 한명숙 후보의 경우, 이름이 가장 나중에 나오는 가나다 순서에서 다른 순서로 후보 이름을 제시할 때보다 더 높은 지지도를 얻을 가능성이 있다는 것을 의미한다. 최신효과는 선택할 보기가 많을 때 주로 발생한다.

최신효과를 통제하기 위해 조사원은 선택 보기들을 돌아가며 rotation 불러주기도 한다. 즉 한번은 강금실부터 후보 이름을 죽 불러주고, 다음은 김근태부터 시작하고, 그 다음은 문국현부터 불러주는 식으로 특정 후보 이름이 늘 가장 나중에 나오지 못하도록 하는 것이다.

초두효과와 최신효과가 왜 발생하는지를 두고 복잡한 논의들이

146

있다. 간단하게 줄이면, 가장 먼저 나오는 보기에 더 많은 주의를 기울이게 된다deeper cognitive processing는 것과 인간의 기억에는 한계 memory limitation가 있다는 점 때문에 그렇다는 설명이 주를 이룬다.

③ 초두효과에 속한다고 볼 수도 있는 예로, 선택 보기가 단순하게 둘밖에 없을 때도 선택지 순서가 영향을 미친 경우이다. "공기오염의 책임은 교통이 더 큽니까, 아니면 산업이 더 큽니까? Would you say that traffic contributes more or less to air pollution than industry?" 이렇게 물었을 때 응답자의 45%는 교통이 더 책임이 있고, 32%는 산업이 더 책임이 있다고 답한 것으로 나타났다. 반면, 교통과 산업의 순서를 바꾸어 "공기오염의 책임은 산업이 더 큽니까, 아니면 교통이 더 큽니까? Would you say that industry contributes more or less to air pollution than traffic?" 라고 물었을 때는 응답자의 57%가 산업이라 답하였고, 24%만이 교통을 꼽았다. 단순히 순서만 바꾸었을 뿐인데 응답 결과의 차이는 놀라울 정도이다.

(4) '잘 모르겠다' 선택 보기 유무

이제 선택지와 관련하여 여론조사가 안고 있는 작은 딜레마를 다루도록 한다. '잘 모르겠다don' t-know, unsure, or undecided option' 를 선택 보기로 제시할 수도 있고 그렇지 않을 수도 있다. 어떻게 처리하는 것이 좋을까?

① '잘 모르겠다'를 보기로 제시하지 않을 때 따르는 문제를 살펴보자. '잘 모르겠다'를 보기로 제시하면 통상 15~20%의 응답자

가 이 보기를 선택한다. '잘 모르겠다'를 보기로 제시하지 않는 경우에도 '잘 모르겠다'라고 말로 답하는 응답자들이 존재한다. 대략 8% 내외로 알려져 있다. '잘 모르겠다'는 보기를 제시할 때와 그렇지 않을 때 '잘 모르겠다'고 답하는 응답자 수를 비교하면(15~20% 대 8% 내외), 그 보기를 제시하지 않을 때 10% 가량의 응답자가 실제로는 그렇지 않으면서 무언가 의견이나 태도가 있는 것처럼 응답한다는 계산이 나온다. 따라서 '잘 모르겠다'는 보기를 제시하지 않으면 소위 '비태도 문제non-attitude problem'를 낳을 수 있다.

비태도 문제란 응답자들이 실제로는 질문에 대해 별로 아는 바가 없거나 관심이 없지만 질문을 하니까 어쨌든 답을 하는 문제를 일컫는다. 비태도는 조사 상황에서 급조된 태도라고 할 수 있는데, 조사가 끝나면 바로 잊힐 태도라고 볼 수 있다. 사회심리학자들의 전문적 표현을 빌리면, 태도의 강도attitude strength가 너무 미약하므로 그러한 태도는 행위에 영향을 미치지 못한다는 점에서 의미를 부여하기 어렵다. 예를 들면 선거 여론조사에서 실제로는 선거에 관심도 없는데 어느 후보를 좋아한다고 답할 수 있다. 그러나 이러한 태도는 나중에 투표장에서 그 후보를 지지하는 행위로 연결되지 않을 가능성이 크다는 말이다.

조사 주제에 따라 비태도 문제는 더 심할 수 있다. 이를테면 대통령 선거를 2년이나 앞둔 시점에서 "차기 대통령으로 누가 유력하다고 보는가?"와 같은 질문이 그렇다. 그 시점에서 선거에 관심을 기울이는 응답자가 몇이나 되겠는가? 또 다른 예로 "우리나라의 토지이용과 관련하여 가장 큰 문제점은? 두 번째로 큰 문제점은?"과 같은 질문 역시 많은 응답자들에게 너무 전문적인 주제이기 십상이다. 토지이용과 관련하여 문제라고 알려진 것들을 예닐곱 가지 보기로 제시하고 첫 번째, 두 번째 문제로 차례대로 선택하라고 하면 응답자들은 어떻게 반응할까? 평소에 별로 생각해보지 않은 주제여서 실제 의견은 없지만 적당히 고르는 응답자들이 적지 않을 것이다. 당연히 의미가 없는 응답들이다.

비태도 문제를 줄이는 방법은 스크린 질문screening or filtering question을 사용하는 것이다. "이 문제에 대해 의견이 없는 편입니까?", "이 사안에 대해 많이 생각해보신 편입니까?" 또는 "어떤 의견을 갖기에는 이 문제에 대해 충분히 들어보신 적이 없습니까?" do you have an opinion on this or not?, have you thought much about this issue?, or haven't you heard enough about that to have an opinion? 등과 같이 물어 의견이 없는 응답자를 걸러낼 수 있다.

예를 들어보자. 미국 미시간대학은 2000년 전국선거연구조사 NES, National Election Studies에서 "일부 사람들은 워싱턴의 연방정부가 나라와 국민에게 해가 될 만큼 지나치게 강력해지고 있다고 합니다. 한편 다른 사람들은 워싱턴의 연방정부가 지나치게 강력해지고 있다고 보지 않습니다. 선생님께서는 이것에 대해 어떤 의견이 있으십니까, 아니면 의견이 없으십니까? Some people are afraid the government in Washington is getting too powerful for the good of the country and the individual person. Others feel that the government in Washington is not getting too strong. Do you have an opinion on this or not?"라는 질문으로 비태도 문제를 가늠해보았다. 이 질문에 전체 응답자 1,543명 가운데 960명(62%)만이 의견이 있다고 답하였고, 나머지 583명(38%)은 의견이 없다고 밝혔다. 만약 스크린 질문 "Do you have an opinion on this or not?'을 사용하지 않고 '잘 모르겠다'는 선택 보기도 제시하지 않는다면, 583명 중에 많은 수는 의견이 있는 것처럼 답할 것이다.

다시 미국의 사례이다. 사립학교 진학을 원하는 중학생들에게 정부가 보조금을 지급하려는 정책에 찬성하는지 아니면 반대하는지를 '잘 모르겠다'는 보기를 제시하지 않고 물었을 때, 응답자의 4%만이 '잘 모르겠다'고 말로 답하였다. 그런데 "아니면 그것에 대해 무어라 의견을 가질 만큼 충분히 들어보지 못했습니까? or haven't you heard enough about that to have an opinion?"라는 스크린 질문과 함께 물었을 때는 '충분히 들어보지 못했다'고 응답한 사람이 33%에 달한 것으로 나타났다.

② 그럼, '잘 모르겠다'는 보기나 스크린 질문을 제시하면 문제가 해결될까? 그렇지 않다. 제시해도 문제가 따른다. '잘 모르겠다'는 보기나 스크린 질문을 제시하면 실제로는 의견이나 태도를 가지고 있지만 속마음을 숨기고 싶은 응답자들에게 도피처를 제공하는 셈이다. 그리고 '잘 모르겠다'는 보기나 스크린 질문은 조사에 흥미를 느끼지 못하고 빨리 끝나기만을 바라는 응답자들을 조사에 더욱 무성의하게 응하도록 부추기는 역할도 한다. 제시하지 않아도 문제가 있고, 제시해도 문제가 있다는 이 딜레마에서도 '여론조사는 과학'이라는 주장이 흔들림을 볼 수 있다.

참고로, 주로 어떤 사람들이 실제로 의견이나 태도가 있지만 그것을 숨기는 걸까? 이 질문에 노이만Noelle Neumann의 '침묵의 나선형spiral of silence' 이론이 한 가지 답을 제공하는 듯하다. 노이만의 침묵의 나선형 이론은 여론형성과정에서 매스미디어가 수행하는 역할을 설명하는 이론 중 하나이다. 노이만에 따르면, 사람은 사회적 동물이어서 다른 사람들로부터 소외되는 것을 두려워한다. 그래서 어떤 사회적 사안에 대해 자신의 의견이 소수파에 속하면 다른 사람들 앞에서 의견을 피력하는 것을 꺼린다. 소수파가 의견 피력을 꺼리는 가운데 시간이 지나다보면 다수파의 의견이 점점 더 득세하고 소수파의 목소리는 침묵 속으로 점점 깊이 빠져들게 된다. 그런데 매스미디어는 사람들에게 어떤 의견이 다수파인지를 알려주어 여론형성에 영향력을 행사하게 된다.

노이만의 이론을 선거 여론조사에 적용하면, 속마음을 감추는 응답자는 선두 후보가 아니라 2위나 3위로 뒤처졌다고 알려진 후보를 지지하는 사람들일 가능성이 높다. 따라서 선거 여론조사 결과에 나타난 1위와 2위 후보 간 격차는, 특히 1위 후보가 뚜렷한 우세를 유지해나갈 때는 실제보다 부풀려진 것이라 볼 수 있다.

(5) 중립점 선택 보기 유무

중립점이란 선택지의 가운데 보기neutral-point option or middle category를 말한다. 홀수 척도(예컨대 5점 척도)의 경우 중립점이 있게 마련이다. 중립점도 '잘 모르겠다' 보기와 비슷한 문제를 안고 있다.

① 중립점은 통상 20~25% 응답을 얻는다. 이 가운데 상당수는 중립점을 제시하지 않으면 다른 선택을 하게 된다. 조사 결과의 정확성이 그만큼 떨어지는 셈이다. 대통령 국정운영 지지도를 4점 척도('매우 잘한다' '잘하는 편이다' '못하는 편이다' '매우 못한

다')로 물을 때와 '그저 그렇다'는 중립점이 있는 5점 척도('매우 잘한다' '잘하는 편이다' '그저 그렇다' '못하는 편이다' '매우 못한다')로 질문할 때 어떤 차이가 있을까? 일단, 5점 척도에서 '그저 그렇다'를 고른 응답자의 일부가 4점 척도에서는 '잘하는 편이다'로 옮겨갈 것이다. 그리고 대통령과 같이 권위나 권력을 가진 사람에게 맞서거나 나쁜 말을 하는 것은 심리적으로 부담스러운 일이라는 점도 고려해야 한다. 5점 척도의 '그저 그렇다'를 선택한 응답자 중에서 4점 척도로 물었을 때 '잘하는 편이다'로 옮겨가는 사람이 '못하는 편이다'로 옮겨가는 사람보다 더 많을 것으로 예상된다. 따라서 4점 척도로 물었을 때 대통령 지지도는 5점 척도로 물었을 때보다 확실히 더 높게 나올 것이다. 4점 척도의 '못하는 편이다'도 5점 척도의 '그저 그렇다' 응답자를 일부 흡수할 것이므로 5점 척도에서보다는 더 높게 나오는 것이 정상이다.

중립점을 제시하지 않을 경우에 발생하는 문제는 실험 사례를 통해서도 살펴볼 수 있다. "마리화나를 사용하는 것에 대한 처벌이 지금보다 더 엄격해야 한다고 보십니까, 아니면 덜 엄격해야 한다고 보십니까? In your opinion, should the penalties for using marijuana be more strict or less strict than they are now?"라는 질문에는 중립점이 제시되지 않고 있다. 이 질문에 응답자의 8%가 '지금과 같은 정도'라는 의견을 자진해서voluntarily 말로 답한 것으로 나왔다. 그런데 "마리화나를 사용하는 것에 대한 처벌은 지금보다 더 엄격해야 한다고 보십니까? 덜 엄격해야 한다고 보십니까? 아니면 지금과 같은 정도여야 한다고 보십니까? In your opinion, should the penalties for using marijuana be more strict, less strict, or about the same as they are now?'라고 중립점을 포함하여 다르게 물었을 때 결과는 판이하였다. 응답자의 23%가 '지금과 같은 정도'라는 중립점을 선택한 것으로 나타났다.

두 질문의 응답을 비교해보면, 15%P 정도 차이가 난다. 중립점을 선택 보기로 제시하지 않을 때 응답자의 15%는 자신들의 실제 의견('지금과 같은 정도')과 달리 '더 강한 처벌' 아니면 '더 약한 처벌'을 선택한 것으로 유추할 수 있다. 조사의 정확성이 그만큼 떨어진다는 의미이다.

② 그렇다면, 중립점을 선택 보기로 제시하면 문제가 해결될까? 그래도 문제는 여전히 남는다. 우선, '그저 그렇다' 또는 '중간점' (예컨대 감정온도계의 50점)[39]은 실제로는 다른 태도나 의견을 가지고 있지만 그것을 밝히고 싶지 않은 응답자들이 부담 없이 대신 선택할 수 있는 보기가 된다. '잘 모르겠다'를 보기로 제시할 때 속마음을 감추고 싶은 응답자들이 '잘 모르겠다'를 선택하는 것과 같은 이치이다.

그리고 중립점을 선택지에 포함하면 '비태도 문제'가 발생할 개연성이 높다. '그저 그렇다'를 선택한 응답자들 가운데 상당수는 질문에서 묻고 있는 사안을 생각해보지 않은 것이나 그 사안에 무지하다는 것을 타인, 곧 조사원에게 인정하기 싫어서 '그저 그렇

---

39) 감정온도계feeling thermometer란 대통령 또는 정당 등의 정치집단에 대한 평가를 온도계에 비유해 측정하는 척도를 말한다. 100도는 열렬히 좋아하는 것, 0도는 지극히 싫어하는 것, 50도(중간점)는 그저 그렇게 생각하는 것을 의미한다.

다' 고 응답하였을 수도 있기 때문이다.[40] '그저 그렇다' 도 하나의 의견이다. 그러나 중간적 입장을 나타낸다는 점에서 그것은 무관심이나 무지함을 드러내고 싶지 않은 응답자들에겐 안성맞춤인 선택이 된다.

중립점을 선택한 응답자가 많다는 것은 일단 조사가 정확하게 이루어지지 않았다는 것을 의심케 하는 지표로 볼 수 있다. 특히 평가의 대상이 극단적인 입장(극우 또는 극좌 등)을 취하는 인물이나 집단, 또는 사람들 사이에 호오가 뚜렷하게 갈리는 인물이나 집단이라면 더욱 그렇다. 사람들은 그러한 인물이나 집단을 몹시 좋아하거나 몹시 싫어하는 편이므로 중립적인 평가는 적게 나오는 것이 정상이다.

이를테면 조갑제, 전여옥, 노무현, 유시민, 조선일보, 한겨레신문 등에 대한 호감도 조사문항에서 '그저 그렇다' 는 응답이 20% 이상 나온다면 일단 조사 전체의 품질을 의심해볼 만하다. 중립점은 통상 20~25% 정도의 응답을 얻는다는 점을 감안하면, 호오가 뚜렷이 갈리는 인물의 호감도를 묻는 경우 '그저 그렇다' 는 응답 20%가 조사 결과를 의심 없이 받아들일 수 있는 상한선이 되기 때문이다.[41]

---

40) 모르는 사람이 전화를 걸어와 여론조사를 한답시고 어떤 사안에 대하여 의견을 물어오면, 응답자 입장에서는 그 사안이 사회적으로 중요하거나 의미가 있기 때문에 여론조사 대상이 되겠거니 생각하게 된다. 그래서 응답자가 그 사안을 모르고 있다는 것을 밝히기가 편치 않다.

41) 호감도 평가 대상(이를테면 조갑제, 유시민)을 모르는 응답자들을 먼저 스크린 문항으로 걸러낸 후, '그저 그렇다' 는 응답 비율이 20%를 넘어가는지 확인하는 것으로 조사 전체의 정확성 여부를 점검하는 잣대로 삼을 수 있다는 말이다.

③ 마지막으로, '잘 모르겠다' 와 '그저 그렇다' 를 선택 보기로 함께 제시하는 것은 어떨까? 썩 좋은 문제 해결 방안은 아닌 듯하다. 앞에서 '잘 모르겠다' 를 선택하는 응답자는 통상 15~20%, '그저 그렇다' 고 답하는 응답자는 통상 20~25%에 달한다고 말하였다. 따라서 그 두 선택 보기를 함께 제시하는 경우 비태도나 속마음을 숨기려는 응답과 같은 조사의 오류를 증폭시켜 의미 있는 결과를 얻기가 더 어려울 수 있다. 특히 민감한 사안에 관한 질문이라면 더욱 그러할 것이다. 물론 이는 대체로 그렇다는 말이다. 질문 내용에 따라서는 '그저 그렇다' 와 '잘 모르겠다(또는 스크린 질문)' 를 선택지에 함께 제시하는 것이 정확한 조사를 위하여 필요한 때도 있을 것이다.

(6) 기타

선택지에 따라 응답 결과가 달라지는 경우이지만 분류가 어려운 예들을 여기에 소개한다.

① "클린턴 대통령의 국정운영을 강하게 지지, 지지하시는 편, 지지하지 않으시는 편, 아니면 전혀 지지하지 않으십니까? Do you strongly approve, somewhat approve, somewhat disapprove or strongly disapprove of the job Clinton is dong as president?" 라고 물었을 때 응답자의 62%가 지지함(강하게 지지 + 지지하는 편), 32%는 지지하지 않음(전혀 지지하지 않음 + 지지하지 않는 편)으로 나타났다. 한편, "클린턴 대통령의 국정운영을 지지하십니까, 아니면 지지하지 않으십니까? Do you approve or disapprove of the job Clinton is doing as president?"라고 먼저 운을 뗀 후, 곧바로 "강하게 지지하십니까 또는 지지하시는 편입니까, 아니면 전혀 지지하지 않으십니까 또는 지지하지 않으시는 편입니까? strongly or somewhat approve or disapprove?"라고 두 단계에 걸쳐 물었을 때 지지한다는 응답은 53%, 지지하지 않는다는 응답은 38%로 나왔다. 선택지를 제시하는 방식의 차이가 9%P의 지지도 차이로 이어졌다.

② "클린턴 대통령과 의회 공화당 중에 누가 더 정부의 혼란에 책임이 있다고 생각하십니까? Who is more responsible for today's gridlock in government-Clinton or Republican in Congress?"라는 질문에 응답자의 48%는 공화당, 32%는 클린턴, 12%는 둘 다 라고 답하였다. 이 예는 고수의 솜씨가 녹아 있는 유도성 질문의 사례로 볼 수도 있는데, 어디에 문제가 있을까? 의회 민주당Democrats in Congress은 선택지에 포함되지 않아 공화당에 공정하지 못하다는 점이 문제였다. 만약 '의회 민주당'을 선택 보기로 함께 제시했더라면 공화당에 대한 비난은 48%보다 적게 나왔을 것이다. 다시 한 번, 응답 결과는 어떻게 묻는가에 따라 달라진다는 것을 확인할 수 있다.

③ 다음의 예도 '애매모호한 질문' 문제 또는 유도성 질문의 문제에 속한다고 볼 수 있는데, 여기에 소개한다. "돈(재정 흑자 부분)은 세금인하에 사용되어야 합니까, 아니면 새로운 정부 프로그램을 지원하는 데 사용되어야 합니까? Should the money be used for a tax cut, or should it be spent to fund new government programs?" 이렇게 물을 때 응답자의 60%는 세금인하를 택하였고, 25%는 새로운 정부

프로그램을 골랐다. 반면, "돈은 세금인하에 사용되어야 합니까, 아니면 교육, 환경, 보건, 방범, 국방과 같은 분야의 프로그램들을 지원하는 데 사용되어야 합니까? Should the money be used for a tax cut, or should it be spent on programs for education, the environment, health care, crime-fighting and military defense?"라고 선택지를 다르게 물었을 때 결과는 완전히 반대로 나왔다. 응답자의 22%만이 세금인하라고 답했고, 69%는 나열된 프로그램들을 선호하는 것으로 나타났다.

④ 두 개의 서로 경쟁하는 주장(주장 A, 주장 B)을 동시에 제시하고 그 중 어느 것에 동의하느냐고 묻는 방식과, 하나의 주장(주장 A)을 읽어준 뒤 그 주장에 동의 또는 반대하느냐고 묻고 이어서 다른 주장(주장 B)을 읽어주고 동의여부를 묻는 방식도 조사 결과를 비교할 수 있다. 몇몇 연구에 따르면, 전자의 방식(주장 A와 B 동시 제시)으로 물을 때 각 주장에 동의하는 응답 비율의 차이(즉 주장 A에 동의한 응답 비율과 주장 B에 동의한 응답 비율의 차이)가 후자의 방식을 사용할 때보다 더 크게 나타나는 경향을 보인다고 한다(강홍수 역, 2007에서 재인용).

지금까지 여론을 측정하는 도구인 설문지에서 비롯되는 오류의 종류들을 쭉 살펴보았다. 많은 실제 사례와 실험 결과에서 확인한 것처럼, 측정도구의 미세한 변화도 여론조사 결과에 큰 영향을 미친다. 그런데 측정도구는 여론조사의 비표본추출 오류를 낳는 유일한 요인이 아니다. 앞에서 여론조사란 묻고 답하기라고 말하였다. 여론조사의 '묻기' 요소인 설문지뿐만 아니라 '답하기' 요소인 응답자도 여론조사의 정확성을 위협하는 요인이 될 수 있다.

2. 응답자 관련 오류

이제 비표본추출 오류의 두 번째 종류로서 응답자의 심리나 행태가 여론조사의 오류respondents-related errors로 연결되는 경우들을 살펴볼 차례이다. 먼저 여론조사 결과를 왜곡시키는 응답자의 심리와 관련하여 다섯 가지를 소개하고, 이어서 응답자의 행태와 관련 있는 두 가지를 검토하겠다.

1) 응답자 심리 문제

조사 상황에서 응답자가 경험하는 심리적 압박이나 응답자 내면에서 작동하는 동기 등의 응답자 심리문제respondents' psychological problems를 짚어보고, 이들에서 비롯되는 여론조사의 오류를 살펴보자.

(1) 민감한 질문에 거짓말하는 경향

여러 실증적인 연구에 따르면, 응답자의 10~15%에 달하는 사람들이 민감하지 않은 질문non-sensitive questions에도 조사원에게 거짓말을 한다. 거짓 응답의 비율tendency to lie about sensitive questions은 나이, 수입, 투표참여, 세금 탈루 등을 묻는 민감한 질문에서는 더욱 높을 것으로 추정된다. 예를 들면 미국사람들의 음식소비 양식pattern을 연구할 때 조사원들이 낮에 여러 가정을 방문해 무엇을 먹고 마시는지 물어 응답을 받고, 그 응답을 검증하고자 밤에 방문한 집 앞에 놓인 쓰레기통들을 살펴보았다(미국은 가구별로 개별 쓰레기통을 이용함). 대부분의 응답자들이 건강에 좋은 음식을 소비하고 술은 별로 안 마신다고 답하였지만, 조사원들은 쓰레기통에서 일회용 패스트푸드 포장박스와 술병을 많이 발견하였다. 사람들은 음식소비와 같은 개인적인 질문에 항상 정직하게 응답하지는 않는다.

하지만 이렇게 거짓말하는 경향은 많은 사람들이 기질상 부정직하다는 것을 뜻하지는 않는다. 그것은 사람들은 원래 타인에게 자신을 더 좋은 모습으로 보여주고 싶어하는 심리적 동기를 갖고 있다는 사실을 의미한다. 여론조사가 비록 서로 면식이 없는 사람들(조사원과 응답자)끼리의 인터뷰이긴 하지만, 그것도 하나의 사회적 만남이란 성격을 가지고 있으므로 조사원이건 응답자건 상대방에게 좋은 모습을 보여주려는 동기가 작동하는 상황이라고 보아야 한다(Sudman, Bradburn, and Schwarz, 1996). 그래서 여론조사 응답자들은 사회적으로 바람직하다고 여겨지는, 이른바 '모범답안'을 답으로 내놓게 된다. 남의 눈에 바람직한 사람으로 보이고자 하는 동기에서 비롯되는 거짓 응답의 문제를 전문적으로 '사회적 바람직함 문제social desirability problem' 라고 부른다.

2008년 미국 대선은 흑인과 여성 후보가 출마하여 더욱 관심을 끌었다. 민주당이 이기면 흑인 대통령이 탄생하는 것이고, 공화당이 이기면 여성 부통령이 탄생하게 되는 상황이었다. 두 경우 모두 최초여서 미국은 그 선거로 역사의 전환점을 맞는 셈이었다. 사실 2008년 대선은 오바마가 백인이라면 하나 마나한 선거였다. 중요 선거예측 모델(예컨대 economic voting model, 경제 변수만으로 선거결과를 예측하는 모델임. 적중도가 상당히 높음)로 보아도 그랬고, 공화당 정권이 8년 집권한 직후에 치러지는 선거라는 점이나 이라크 문제와 금융위기 사태를 보아도 그랬다. 모두 민주당의 쉬운 승리를 예상케 했다.

하지만 오바마는 흑인이다. 그래서 승부는 뚜껑을 열어볼 때까지 기다려야 확실하게 알 수 있는 일이었다. 저자처럼 미국에서 유색인종으로 여러 해를 살아본 사람들은 인종문제에서만큼은 미국 백인들이 마치 일본인들의 '혼내(속마음)' 비슷한 것을 가지고 있음을 안다. 그것은 인종이 변수로 작용하는 선거에서 종종 '브래들리 효과Bradley effect'로 나타나곤 한다. 브래들리 효과는 흑인 후보의 예상득표율을 과다추정overestimate하는 여론조사 경향을 일컫는데, 로스앤젤리스 시장을 지낸 탐 브래들리(흑인)의 이름에서 따온 용어이다. 1982년 캘리포니아 주지사 선거에 출마한 브래들리 후보는 캘리포니아에서 발표된 모든 여론조사에서 상대 후보를 이기는 것으로 나왔으나 실제로는 근소한 차이로 졌다.

브래들리 효과가 발휘된 예는 많다. 몇 가지 유명한 사례만 간추리면, 1990년 루이지애나 주에서 연방 상원의원 후보로 KKKKu Klux

Klan단의 두목격인 데이빗 두크가 출마했다. 그 인종차별주의자는 여론조사로는 22~28%의 지지를 받는 것으로 나타났지만 실제 선거에서 44% 득표율을 기록했다. 1989년에는 세 명의 흑인이 주요 공직에 출마했다(뉴욕 시장, 버지니아 주지사, 시애틀 시장). 그들 모두 여론조사에서 압도적인 승리가 점쳐졌고, 심지어 선거 당일 출구조사에서도 10%P 이상의 격차로 낙승이 예상되었다. 그러나 실제 결과는 세 후보 모두 근소한 차이로 간신히 이겼을 뿐이었다.

브래들리 효과는 응답자들이 속마음과 달리 모범답안을 말하는 '사회적 바람직함 문제' 때문이다. 좀 거칠게 표현하면, 브래들리 효과는 미국 백인 유권자들의 위선을 가리키는 용어라 할 수 있다. 조지 부시 정권 8년에 이골이 난 민주당 성향 백인이나 무당층(지지 정당이 없는) 백인 가운데 오바마 후보 때문에 심적 갈등을 겪은 사람이 적지 않았을 것이다.

거짓 응답 문제는 어떻게 다루어야 할까? 질문을 중립적인 프레임으로 작성하여 응답자가 정직하게 답하는 것을 불편하지 않게 느끼도록 해야 한다. 민감한 질문일수록 더욱 그렇다. 이를테면 음식소비 양식을 조사한다면, "빨리 만들 수 있고 만들기도 쉬운 몇 가지 음식들을 식사에 포함하는 것은 우리 주변에서 흔한 일입니다. 선생님 가정도 그렇습니까? 특별한 가족행사가 없는 보통 때는 어떤 것들을 드시나요? It is common that people include a certain number of foods in their diet that are quick and easy to prepare. Is this the case with your family? what do you eat in a typical week?"처럼 묻는 것이 좋다. 응답자가 종종 패스트푸드 식사를 하더라도 사실대로 답하도록 편한 분위기를 만들기 위함이다.

다른 예로, 다음 질문이 있다. "선거에 관해 사람들과 얘기하다 보면, 많은 사람들이 유권자 등록을 하지 않았거나, 아팠거나, 바빠서 시간이 없었기 때문에 투표하지 못한 경우를 종종 보게 됩니다. 선생님은 어떠세요? 지난 선거에 투표하셨나요? In talking with people about elections, we often find that a lot of people were not able to vote because they weren't registered, they were sick, or they just didn't have time. What about you-did you vote in the last election?" 이렇게 묻는 것이 "선생님께서는 지난 선거에 투표하셨는지요?"라고 대놓고 질문하는 것보다 훨씬 더 정확한 조사 결과를 얻을 수 있다.

(2) 조사원에게 잘 대해주려는 경향

앞에서 지적한 것처럼 조사원과 응답자 간의 질문-응답interview도 사회적 만남의 성격을 띠기 때문에 조사원도 그렇지만 응답자도 기본적으로 조사원이 기분 상하는 것을 원치 않는다tendency to want to please the interviewer. 이 때문에 어떤 응답자들은 질문마다 주의를 기울여 자신의 생각을 말하는 대신, 조사원에게 묵종하는 acquiesce 분위기에서 모든 질문에 '그렇다yes' 또는 '동의한다 agree'고 답하기도 한다. 내용이 무엇이든, 질문이 어떻게 표현되든 무조건 동의하는 경향을 전문적으로 '묵종 반응 왜곡acquiescent response bias' 문제라고 한다. 이러한 문제도 여론조사 결과의 정확성을 심각하게 위협할 수 있다.

묵종 반응 문제는 몇 가지 방법으로 통제할 수는 있다. 우선, 질문의 표현에 변화를 주어 '그렇다' 또는 '동의한다'는 응답이 내용적으로 '그렇지 않다no', '반대한다disagree'를 의미하도록 만드는 것이다. 그리고 질문을 다른 방식으로 할 수도 있다. 다음 두 질문은 내용상 동일하나 응답은 다르게 하도록 되어 있다. 비교해보라. "정부는 모든 국민이 충분한 건강관리를 받을 권리를 보장해야만 합니다('동의한다' / '동의하지 않는다' 로 대답)." "국민의 건강관리는 주로 정부 책임이라고 보십니까, 아니면 주로 국민 저마다의 책임이라고 보십니까?('정부' 아니면 '국민 저마다' 로 대답).

(3) 무지를 감추려는 경향

많은 응답자들이 설문조사를 낙제해서는 안 되는 시험 비슷하게 생각한다. 응답자들은 대부분 어떤 사안이 설문지에 언급될 만큼 중요하다면 그 사안에 의견을 가져야 마땅하다고 믿는다. 그런 믿음에는 어떤 사람도 무식하거나 아둔하게 보이기를 좋아하지 않는다는 심리tendency to hide ignorance of issues가 깔려 있다. 응답자들은 무엇이든 답해야 한다는 심리적으로 압박 때문에 비록 실제로는 자신들에게 별 의미가 없을지라도 일단 답을 내놓을 때가 종종 있다. 실제로는 알지 못하거나 의견이 없는데 그렇지 않은 것처럼 무언가 응답을 내놓는 문제를 전문적으로 '강요된 의견 문제forced opinion problem' 라고 한다.

무지를 감추려는 동기에서 '그저 그렇다' 라는 선택 보기를 택하는 응답자들이 있다는 점을 앞에서 지적하였다. 그러한 응답자들에게 '그저 그렇다' 는 주어진 선택 보기들 중에서 가장 마음 편하게 택할 수 있는 답이 된다. 여론조사 결과에 '강요된 의견' 이 많이 포함되어 있다면 그 조사는 그만큼 왜곡된 것으로 보아도 틀림없다. 만약 그런 결과에 기초하여 정책 방향이나 전략적 행보를 결정한다면 모래밭에 누각을 올리는 꼴이 될 것이다.

강요된 의견 문제는 어떻게 피할 수 있을까? 스크린 질문screen or filter question을 활용하는 것이 좋다. 스크린 질문은 의견이 없거나 익숙하지 않은 사안에 대해서는 응답자가 자연스럽게 건너뛰도록 해준다. 예를 들면 "선생님께서는 최근 대통령이 제안한 △△정책 방안에 대해서 들어본 적이 있으신지요?"라고 스크린 질문을 먼저 한 뒤 응답자가 '그렇다'고 답하면 계속 진행하고, '그렇지 않다'고 답하면 설문지의 다음 질문으로 넘어 가도록 한다. 그러한 스크린 질문으로 대통령이 제안한 방안을 주로 어떤 사람들이 모르고 있는지도 점검할 수 있다. 스크린 질문은 "△△정책 방안에 대해서 들어본 적이 있으신지요?" 대신 "△△정책에 대해 선생님은 어떻게 생각하십니까? 혹시 △△정책에 대해서 생각을 많이 해본 적은 없으십니까?"라고 문구를 다르게 질문할 수도 있다.

(4) 권위에 영향을 받는 경향

응답자들 중에는 권위를 인정받고 있는 유명인(대통령 등)이라면 사안이 무엇이든 그들의 주장에 동의하는 경향tendency to be impressed by high-status sources을 보이는 사람들이 있다. 이를 전문적으로 '명망 효과prestige effects'라 부른다. 일반 상품 광고에 인기 연예인이나 유명 인사를 동원하는 것도 바로 이 효과 때문이다. 권위에 기대는 설득 기법이 실생활 속에서 광범위하게 응용되는 데서도 알 수 있듯이, 명망 효과는 여론조사에서도 쉽게 나타나는 편이다. 때문에 질문이 권위 있거나 명망 높은 사람을 언급하면 응답 결과가 왜곡될 수 있다.

앞에서 예로 든 "아프리카 지원에 대한 대통령의 입장을 지지하십니까?"라는 질문이 어디가 잘못되었는지 기억을 되살리기 바란다. 대통령의 인기에 따라 아프리카 지원에 대한 응답자들의 반응이 다르게 나올 수 있는 점이 문제이다. 권위에 영향을 받는 것이 인간 심리의 한 속성으로 남아 있는 한 이 문제는 지속될 것이다. 명망 효과도 여론조사 질문 문구를 항상 매우 조심스럽게 작성해야 함을 다시 확인시켜준다.

(5) 비용과 편익을 따지는 경향

우리 삶은 어떤 것이나 나름대로 대가를 요구한다. 그래서 어떤 결정을 내려야 하는 상황에 처하면 사람들은 비용과 편익 요인을 함께 고려한다tendency to weigh cost-benefit factors. 반면에 여론조사 질문은 흔히 비용 부분은 언급하지 않고 빠트리는 편이다. 이것이 문제가 될 수 있다.

예를 들어보자. "가난한 사람들을 위한 푸드뱅크에 정부 보조금을 지원하는 방안이 거론되고 있습니다. 그런 방안에 대해 지지하시는지요, 아니면 반대하시는지요? Do you support subsidized food banks for the poor?"라는 질문에 대부분의 응답자들은 지지한다고 답할 것이다. 그러나 "가난한 사람들을 위한 푸드뱅크에 정부 보조금을 지원하는 방안이 거론되고 있습니다. 만약 가난한 사람들을 위한 푸드뱅크에 정부 보조금을 지원하는 것이 어느 정도 세금 인상을 의미한다면, 그러한 방안에 대해 찬성하시는지요, 아니면 반대하시는지요? Would you favor subsidized food banks for the poor if it meant significantly higher taxes?"라는 질문에는 어떨까? 찬성 응답이 앞의 질문에 비해 현저히 적게 나올 것이다.

　다른 예를 들어보자. 암처럼 고액의 치료비가 소요되는 병은 개인 부담을 현재보다 줄여주는 것에 대하여 어떻게 생각하느냐고 질문하면 대부분 찬성할 것이다. 그러나 암과 같은 병의 개인 부담을 현재보다 줄여주는 것이 의료보험료 인상을 수반한다는 가정 하에 질문하면 찬성 응답은 훨씬 적게 나올 것이다. 마지막 예로, "세금이 너무 많다고 생각하십니까, 적당하다고 생각하십니까, 아니면 너무 적다고 생각하십니까?"라고 물으면 어떤 답이 나올까? 세금은 비용인데, 누군들 비용을 줄이고 싶어하지 않겠는가. 대다수 응답자가 '너무 많다고 생각한다'고 답할 것이다. 이 질문은 비용과 편익을 함께 제시하여 "제공되는 공공 서비스에 비해 세금이 많다고 생각하십니까, 적당하다고 생각하십니까, 아니면 너무 적다고 생각하십니까?"라고 물어야 비로소 의미 있는 응답을 얻을 수 있다.

　이처럼 응답 결과가 질문에 따라 변하는 것은 응답자들의 의견이나 태도가 확고하지 못한 탓이 아니다. 의사결정 과정에 비용요인cost concern이 고려되면 결정 내용도 달라지게 마련이기 때문이다. 실생활에서 마주치는 여러 정치·사회·경제적 사안을 둘러싼 논쟁은 대개 편익과 비용의 양 측면을 동시에 포함하고 있다. 따라서 그런 사안들에 대하여 우리가 취하는 입장은 찬성이건 반대이건 비용 대비 편익을 따지는 조건적인 성격을 띤 것이다. 질문이 이런 성격을 제대로 반영하지 못하면 응답 결과에서 의미를 찾기 어렵다. 앞에서 사람은 특히 무엇을 얻는가보다 무엇을 잃는가에 더 민감하게 반응하는 심리를 가지고 있다는 점을 언급하였다. 이 점은 여론조사 질문에 비용을 언급하는 것이 얼마나 중요한지 다시 한 번 일깨워준다.

2) 응답자 행태 문제

지금까지 응답자의 심리에 초점을 맞추어 여론조사에서 발생할 수 있는 오류들을 짚어보았다. 이제 각도를 조금 바꾸어 응답자가 보여주는 행태상respondents' behavioral problems의 특징이 여론조사 결과의 왜곡으로 이어지는 경우들을 살펴보자.

(1) 공적 가치 대 사적 관심 간의 괴리

어느 사안이 공적인 가치체계에서 중요한 것으로 자리 잡고 있다면 사람들은 일단 그것을 중요하게 받아들인다. 그러나 그 사안은 사람들이 사적으로도 중요하게 관심을 두고 있거나 원하는 것이 아닐 수 있다. 공적 가치 대 사적 관심 간의 괴리the public value-private agenda gap를 보일 수 있는 것이다. 이 경우 여론조사에서 그 사안을 어떻게 생각하는지 질문하면, 응답자는 대개 그 사안에 부여되어 있는 공적인 가치에 걸맞은 평가를 답으로 내놓는다. 하지만 이 답은 응답자가 실생활에서 보여주는 모습과는 다를 수 있다. 따라서 그러한 응답 결과에 기초하여 정책을 입안하거나 선거 공약을 개발하면 자칫 헛발질이 되기 십상이다.

남성과 동등한 여성의 권리gender equity라는 사안을 예로 들어보자. 여성의 평등권은 기본적인 인권 문제 중 하나이다. 여성의 권리 신장은 대부분의 사회에서 적어도 수사적rhetorical 차원에서라도 높은 관심을 받고 있는 사안이다. 따라서 여권 신장 사안의 중요도를 평가하라고 하면 응답자 대부분이 '매우 중요한' 또는 '중요한' 사안이라고 답할 것이다. 하지만 동일한 응답자들에게 실업, 인플레이션, 공교육, 군부대 해외 파견 등과 같은 사안들과 더불어 여권 신장 사안을 평가해보라고 하면 정부가 여권 신장에 예산을 많이 투입하는 것을 바라지 않는 것으로 나타날지도 모른다. 여론조사 질문은 응답자들이 교육이나 문화를 통하여 습득한 공적 가치체계와 사적으로 관심을 두고 있는 사안들의 우선순위 사이에 괴리가 있을 수 있다는 사실을 반영해야 한다. 그렇지 못하면 응답 결과는 현실을 왜곡할 가능성이 크다.

비슷한 예로, 선거 여론조사에서 무엇에 중점을 두고 후보에게 투표할 것인지를 묻는 질문이 있다. 후보의 지역 연고, 정당, 교육 배경/경력 등 자질, 정책 공약 따위를 선택지로 제시하고 물어보면, 후보 선택 기준으로 단연 가장 높게 나오는 응답은 정책 공약이다. 우리나라 유권자들의 실제 투표 행태와 차이가 나는 응답 결과이다. 우리나라 유권자들 다수가 정책보다 후보의 지역 연고나 정당을 보고 투표한다는 것은 부인하기 어려운 사실이다. 이렇게 여론조사 결과가 현실을 왜곡한 것은 질문이 공적 가치체계에서 무엇이 중요한지가 아니라 유권자 개인이 무엇을 중요하게 여기는지를 묻지 못한 탓이다

(2) 일반 대 구체 간의 괴리

일반 대 구체 간의 괴리 문제the general/abstract-specific gap는 앞에서 짧게 설명한 바 있다. 기억을 되살려보면, 때때로 사람들은 일반적인 총론 수준이나 추상적인 개념 수준에서 취하는 입장과 구

체적인 각론 수준에서 선호하는 입장 간에 괴리를 보이기도 한다. 이를 다른 말로 '원칙과 정책 간의 괴리principle-policy puzzle' 현상 이라고도 부른다.

좋은 예로, 우리 국민은 원칙적인 수준에서 통일에 대해서는 대부분 찬성하지만 구체적인 대북 정책에서는 찬성과 반대가 엇갈리는 반응을 보인다. 1999년 KBS 여론조사에 따르면, 햇볕정책의 원칙에는 72%가 찬성하였지만 금강산 관광사업에 대해서는 54%만이 긍정적으로 답하였다. 대북 식량지원이나 경수로 지원의 경우 '조건부로 계속해야 한다'는 응답이 '조건 없이 계속해야 한다'는 응답보다 두세 배나 더 높게 나왔다.

미국에서도 사람들은 대체로 어느 사안의 일반적인 수준(예컨대 정부 지출삭감)에서는 우파적인 입장을 선호하지만, 구체적인 수준으로 들어가면 좌파적인 입장(이를테면 교육이나 보건과 같이 대규모 예산이 투입되는 분야에서 지출삭감에 강력 반대)을 지지하는 괴리를 보인다고 한다.

2009년 9월 언론보도에 따르면, 미국 오바마 대통령의 개인적 인기는 높게 유지되고 있지만 정책문제에 관한 지지도는 계속 하락하고 있다고 한다.42) 많은 미국 국민이 오바마가 대표하는 원칙

---

42) 2009년 9월 14일 연합뉴스 보도이다. 갤럽 조사에 따르면 오바마 대통령이 강력하고 결단력 있는 지도자라는 응답이 2대1의 비율로 높았고, 응답자의 3분의 2는 그가 미국인들이 당면한 문제들을 잘 이해하고 있으며, 이를 잘 처리할 것이라고 답하였다. 하지만 취임 이후 처음으로 응답자의 절반 이상이 오바마의 경제 문제 대처에 불만을 갖고 있는 것으로 나타났으며, 재정적자 해결을 위한 대처에는 38%만이 지지를 보내고 있는 것으로 나왔다.

과 국정의 기본 방향에는 찬성하나 구체적 정책 수준에서는 그렇지 않다는 말이다.

  정당과 정당 소속 정치인에 대한 평가도 일반 대 구체 간의 괴리 현상의 예로 보아도 될 것이다. 사람들은 정당(일반적 수준)과 그 정당에 속한 개별 정치인(구체적 수준)에게 다르게 반응하기도 한다. 이처럼 응답자들은 사안의 수준에 따라 다른 의견이나 태도를 가질 수 있다. 구체적인 사안은 구체적으로 물어야 한다. 이를 무시하고 일반적인 수준에서 묻고 응답 결과를 구체적인 수준에서 해석하면 왜곡이 발생한다.

3. 기타 비표본추출 오류

지금까지 표본추출과 관련되지 않은 오류를 두 가지 종류, 즉 여론을 측정하는 도구인 설문지에서 원인을 찾을 수 있는 경우와 조사에 답하는 응답자가 원인이 되는 경우로 나누어 살펴보았다. 이제 그 두 종류에 속하지 않는 오류들을 소개할 차례이다. 여론조사에는 곳곳에 지뢰밭이 펼쳐져 있다는 것을 강조하려는 목적으로 몇 가지만 간단히 언급하도록 한다.

1) 조사원 문제

여론조사를 실제로 진행하는 조사원interviewers을 업계에서는 면접원이라 부른다. 조사에서 맡은 역할이 막중한 만큼 이들도 여론조사의 오류 진원지가 될 수 있다. 그러나 이들에 의한 오류는 대부분 통제 가능하다는 점에서 저자가 직접 겪은 사례를 하나 소개하는 것으로 그친다. 오래전 저자가 밥벌이를 하던 조사회사에서 직원을 새로 채용하고 훈련하는 과정으로 조사원들의 전화 인터뷰를 감청하도록 시켰다. 그때 감청과정에서 발견한 일이다. 한 조사원이 전남지역을 조사할 때 김대중 대통령의 국정운영 평가 문항에서 '매우 잘하고 있음' 과 '잘하는 편임' 두 가지 선택 보기만을 불러주고 답을 받았다. '잘못하는 편임' 과 '매우 잘못함' 은 아예 불러주지도 않은 것이다. 문제의 조사원이 베테랑이어서 지역에 따라 응답이 어떻게 나오는지 알고 조사를 조금이라도 빨리 마치려는 마음에서 그렇게 했으리라 짐작된다. 감청에서 적발하고 그 자리에서 바로 시정하지 않았더라면, 그 조사원은 예컨대 부산지역을 조사할 때는 '잘못하는 편임' 과 '매우 잘못함' 의 두 가지 선택 보기만을 불러주었을 것이다. 이것은 명백한 요령 부리기이다. 전남이라고 DJ를 100% 지지하는 것도 아니고, 부산이라고 DJ를 100% 반대하는 것도 아니기 때문이다.

조사회사가 조사원에 의한 오류를 통제하려고 여러 가지 방법을 동원하므로 그러한 왜곡은 드물고, 크게 심각하지도 않다는 주장을 강하게 반박하고 싶은 마음은 없다.[43] 하지만 위 사례는 조사원이 만들어내는 오류도 분명히 존재한다는 점을 시사한다.

---

43) 그러한 주장은 주로 전화조사에만 해당되는 것으로 보아야 한다. 1대1 면접조사face-to-face interview는 이야기가 다르다. 조사원 통제가 전화조사에 비해 훨씬 부실하기 때문이다. 우리나라 면접조사의 경우 조사 현장field에서 표본의 대표성을 담보하는 원칙들이 지켜지는지에 대해서도 그렇고, 조사회사가 기대하는 만큼 설문지 문항 하나하나가 제대로 조사되는지에 대해서도 저자는 의구심을 갖고 있다.

그런데 위에서 예로 든 조사원의 문제는 저자가 일하던 특정 회사만의 문제는 아니다. 조사원은 회사에 전속된 직원이 아니라 일종의 인력 풀pool을 형성하고 이 회사, 저 회사 부르는 곳이면 가서 실사interview를 맡는 사람들이다. 조사원의 문제가 있다면 그것은 특정 회사의 문제라기보다는 업계 전체의 문제로 보고 접근하는 것이 옳다.

조사원에 의한 오류 사례로 미국에서는 소수인종minorities, 흑인 등 유색인종의 권리 관련 사안을 조사할 때 조사원의 영어 발음 문제가 자주 언급된다. 말하는 것을 들어보면 흑인이나 기타 유색인종임을 분명히 알 수 있는 조사원이 소수인종의 권리에 대하여 질문하면 응답자들이 영향을 받는다고 한다.

여성과 관련한 질문에서도 조사원의 성별이 응답에 영향을 줄수도 있을 것이다. 우리나라에서도 정치 여론조사에서 조사원이 영남이나 호남 사투리를 쓴다면 지역에 따라 응답자들에게 영향을 미칠 수도 있으리라 본다. 물론 이 모두는 통제가 가능한 잠재 오류들이긴 하지만 여론조사가 얼마나 세심하게 주의를 기울여야 하는 작업인지를 증언한다.

2) 조사의 설계 문제

조사의 설계survey design란 조사할 사안과 관련하여 무엇을 어떻게 조사하는 것이 목적 달성에 가장 효과적일지를 결정하는 밑그림 그리기이다. 어떤 현상을 단순히 기술하는 데 그치는지, 아니면 그 현상의 원인을 규명하고자 하는지(예컨대 후보 호감도나 지지도의 단순 파악인지 아니면 낮은 호감도나 지지도의 원인 분석인지)에 따라 질문 문항수나 질문의 종류가 달라진다. 수집하고자 하는 정보의 양이나 성격에 따라 조사방법도 달라야 한다(예컨대 전화조사 대 면접조사, 또는 정량조사 대 정성조사). 조사 취지에 따라 일회성 조사(횡단면 조사)와 추이조사(종단면 조사)로도 접근을 달리해야 한다. 추이조사도 미시적 분석이 필요하면 동일한 표본을 추적 조사하는 패널조사를 채택하게 된다. 조사하는 시점도 조사 설계의 중요한 요소이다. 조사를 언제 실시하는지가 획득하는 정보의 정확성에 직접적으로 영향을 미칠 수 있기 때문이다.

여론조사를 실시하는 시점이 응답에 미치는 영향은 다른 조사 설계 요소보다 실제 사례로 보여주기가 쉬우므로 조사 설계 문제는 조사 시점을 예로 들어 살펴보겠다. 2007년 10월 초 노무현 대통령이 평양을 방문한 직후 대통령 국정운영 지지도 조사가 발표되었다. 결과는 당연히 큰 폭으로 상승한 것으로 나타났다. 가파른 지지도 상승이 왜 당연한 현상이었는지 따져보자. 앞에서 언급한 것처럼 우리나라 국민은 통일이나 남북화해의 원칙에 대해서는 대다수 찬성하고 있다. 청와대 출발 장면을 필두로 판문점을 걸어서 넘어가는 장면 등 온갖 이벤트가 텔레비전으로 생중계되고, 신문도 대통령 방북 기사로 도배가 되다시피 했다. 대다수 국민이 긍정적으로 생각하는 사안과 관련하여 대통령이 수일간 언론을 독점하다시피 한 직후에 대통령에 대한 평가를 묻는다면 결과는 물으나 마나이다. 조사 시점이 수일간에 걸친 대통령의 언론 독점 직후라는 것은 대통령의 방북이 국정운영을 평가하는 유일한 맥락으로 응답자에게 주어졌다는 의미이다.

다시 말해, 그러한 조사 시점은 노무현 대통령을 북한 방문만으로 평가하도록 프레이밍framing한 것이다. 대통령 지지도가 가파르게 상승하지 않았다면 그것이 오히려 이상한 일이다. 2007년 10월 전후 몇 달 동안 대통령 지지도를 그래프로 만들어 살펴보면 알겠지만, 볼 것도 없이 방북 직후 한 번 뾰족하게 올라갔다 얼마 지나지 않아 다시 원래 위치로 돌아가 있는 모양을 하고 있을 것이다. 방북 직후에 조사한 대통령 지지도는 내용상 국정 지지도가 아니라 방북이라고 하는 구체적이고 단편적인 행보 자체에 대한 지지도로 보는 것이 맞다.

그 즈음 치러진 여권의 대선 후보들 간 토론회에서 이해찬 후보는 다른 후보들에게 "대통령의 지지도가 상승했다고 이제 대통령에 대해 이전과 다르게 말하고 있다"고 일갈한 적이 있다. 방북 직후 다른 후보들이 대통령과 거리두기에서 잠시 주춤한 것을 비꼬는 말이었다. 방북 직후 대통령 지지도 상승에 기세가 오른 이해찬 후보나 대통령과 거리두기에 주춤거리는 다른 후보들이 저자의 눈엔 코미디의 한 장면처럼 읽혔다. 방북 직후 조사한 대통령 국정운영 지지도가 진정으로 대통령에 대한 지지를 의미한다면 친노세력을 대표한 이해찬 후보는 대통령 후보경선에서 훨씬 더 선전했어야 한다. 그리고 대통령 지지도는 그 이후에도 한동안 비슷한 수준으로 유지되었어야 한다.

사형제 존폐를 둘러싼 여론조사도 좋은 예가 된다. 연쇄살인범 강호순이 저지른 죄는 목숨 하나가 아니라 백 개로도 모자라는 악행이라는 데 누가 토를 달겠는가. 강호순 체포 직후에 사형제 폐지 찬반 여론을 조사하였다면 어땠을까? 사형제 폐지 반대 응답이 평소보다 껑충 높이 뛰었을 것이다.[44] 이처럼 조사 시점의 설계가 잘못되면 응답 결과에 왜곡이 생긴다. 특별한 사태나 사건, 이벤트 직후에 조사가 이루어지면 조사 시점은 질문을 특정한 각도에서 해석하도록 유도하게 된다. 조사 시점도 질문의 맥락, 프레임으로 작용한다는 말이다.

44) 실제로 조사를 실시한 적이 있다. 강호순 사건의 여파가 남아 있을 때 법무부가 조사를 의뢰하여 64%에 달하는 사형제 유지 응답 결과를 얻었다. 강호순 사건이 터지기 전에는 사형제 폐지 응답이 50%에 육박하였고, 사형제 대신 종신형제를 도입하자는 의견이 60%를 상회하는 수준이었다(조인스닷컴 2009년 8월 19일자에 게재된 신창운 기자의 "육하원칙으로 본 여론조사의 허점"에서 재인용).

IV. 맺는 말

지금까지 여론조사 결과가 얼마나 왜곡되기 쉬운가error-prone를 보여주는 데 초점을 맞춰 논의를 펼쳤다. 짧지 않은 여정을 함께하느라 독자 여러분도 고생이 많았다. 어떤가? 여론조사는 과학인가, 아니면 예술인가? 여론조사가 과학이라는 주장은 표본추출이 객관적인 절차에 따라 확률적으로 이루어진다는 것에 근거를 두고 있다. 이 책은 확률적 표본추출probability sampling이란 이론으로는 가능하나 실제 조사에서는 구현해내기가 매우 힘든 과제임을 보여주었다. 실제 조사에서는 모집단을 잘 대표하는 표본을 확보하기가 생각처럼 쉬운 일이 아니다. 그런데 표본의 대표성이 훼손되면 여론조사 결과에는 그만큼 오류가 따르기 마련이다.

표본추출과 관련한 오류가 여론조사에서 발생할 수 있는 오류의 전부라면 흔쾌하지는 않지만 그래도 '여론조사는 과학'이라는 주장에 손을 들어줄지도 모른다. 그렇지만 그것이 전부가 아님을 우리는 길게 살펴보았다. 사실, 표본추출과 관련한 오류는 그나마 '양반'이라 할 수 있다. 표본추출과 무관한 오류, 즉 비표본추출 오류는 우선 종류가 다양하다는 점에서 여론조사 결과의 정확성을 더욱 심각하게 위협할 수 있다. 그리고 비표본추출 오류는 계량화가 극히 어렵다는 점에서 그 크기를 가늠하기도 현실적으로 불가능하다. 비표본추출 오류의 일부에 불과한 설문지 관련 오류만 놓고 보더라도, 한마디로 "여론조사는 어떻게 묻는가에 따라 결과가 달라진다"라고 할 만큼 다양한 유형이 존재한다.

이 책은 여론조사가 과학인지 아니면 예술인지 평결 내리는 일을 화두로 삼아, 여론조사의 모든 단계(표본선정→설문지 작성→조사원 실사→분석)에 걸쳐 펼쳐진 오류의 지뢰밭을 훑어보았다.

그 과정에서 여론조사 결과가 얼마나 쉽게 변할 수 있는지를 많은 사례에서 확인하였다. 결론을 말하자면, 저자는 여론조사가 과학보다는 예술에 더 가깝다고 판단한다. 여론조사는 가장 완벽하게 수행하였을 때도 과학이 아니라 '엄밀하지 못한 과학inexact science'이라는 것이 저자의 평결이다. 물론 이러한 평결이 여론조사 자체를 부정하자는 것은 아니다. 이 책은 여론조사 오류의 지뢰밭을 훑어봄으로써 이론과 실제, 이상과 현실 사이의 괴리를 지적하고 있지만, 동시에 지뢰가 매설된 지점을 표시하고 있기도 하다. 그런만큼 오류의 지뢰들을 피해가는 데, 다시 말해 이론과 실제 사이에 존재하는 괴리를 좁히는 데 이 책이 길잡이 지도map 노릇을 하고 있다고 보아도 된다.

"여론조사는 과학이다"라는 주장을 근본적인 시각에서 반박하는 사람들도 있다. 그들은 여론의 의미에 주목하여 그것을 조사한다는 것이 부질없는 짓이 아닌가 하는 문제를 제기한다. 대표적으로 정치학자 러셀 뉴먼(Russel Neuman, 1986)은 미국의 대중을 세 그룹으로 나눈다. 첫째, 대략 20%의 시민이 속하는 밑바닥 층으로 정치에 무관심하며, 투표 같은 가장 기본적인 정치행위조차 하지 않는 사람들이다. 둘째, 사회 문제에 관심이 높고 활발하게 참여하는 5%의 시민이다. 셋째, 정치에 어느 정도 관심을 기울이고 사는 중간층인데 대부분의 사람들이 여기에 속한다. 이 중간층의 여론조사 응답은 태도와 비태도 사이에 있는 이른바 '유사 태도quasi-attitude' 45)라고 할 수 있다. 뉴먼은 여론조사 결과를 이 세 그룹의

---

45) 유사 태도란 태도의 강도strength로 보아 태도라고 보기에는 약하고, 태

의견들, 즉 '순수하게 임의적인 반응(아무렇게나 되는 대로 말하는 응답)과 주의를 기울여 진지한 생각 끝에 나온 안정적인 의견, 스스로도 반 정도만 확신하고 있는 의견(따라서 쉽게 바뀔 수 있는 불안정한 의견)'을 함께 섞어놓은 혼합물로 본다. 뉴먼은 그 혼합물의 의미가 무엇인지 묻는다.

50대 주부가 저녁 식사 준비를 막 시작하려는데 전화가 걸려와 받았다. 그때 그 주부의 머릿속에 한미 FTA가 우리에게 좋은 것인지, 정부의 이라크 파병 연장이 필요한지 등에 대한 생각이 있을 리 만무하다. 그러한 상황에서 조사원이 주부로부터 받은 이라크 파병 관련 응답을 어떻게 보아야 할까? 이때의 응답은 머릿속이나 가슴속에서 소화되지 않은 임의적인 반응일 가능성이 높다. 파병 연장 사안에 관심을 가지고 진지하게 생각해온 사람의 의견과는 사뭇 다를 수밖에 없을 것이다. 그리고 응답자 스스로도 반 정도만 확신하고 있는, 그래서 쉽게 바뀔 수 있는 불안정한 의견이라면 그것 역시 진지한 생각을 거쳐 도달한 의견과는 성격이 다르다.

하지만 여론조사 결과는 이러한 세 가지 이질적인 의견들을 구별 없이 한 그릇에 섞어 내놓는다. 뉴먼에게는 이 점이 눈에 거슬린다. 서로 성질이 다른 의견들을 비빔밥처럼 섞어놓았기 때문에 비빔밥의 맛을 딱 꼬집어 말하기 어렵듯이 그 의미를 해석하기가 애매하다는 것이다. 더욱이 여론조사 결과에 포함된 의견의 다수는 쉽게 바뀔 수 있는 불안정한 것이므로 여론조사 결과에 의미를

도가 아니라고 보기에는 강한 그런 태도를 말한다. 쉽게 생각하면, 어떤 사람의 마음속에 아직 확고하게 자리를 잡지 못하고 있는 태도라고 보면 된다.

부여하려는 것 자체가 부질없는 짓일 수 있다고 본다. 여론의 의미에 대한 뉴먼의 이런 문제제기도 여론조사가 과학이라는 주장의 밑바탕을 흔들고 있다.

여론조사가 과학이라는 주장을 우리나라의 경우로 한정하여 조금 다른 각도에서 평가해보자. 저자가 여태껏 여론조사업계에 대하여 부정적인 말을 많이 하였으니 덕담도 한마디 남기기 위함이다. 현재 우리나라 여론조사의 용역 단가는 전화 조사가 표본당 1만 원, 면접 조사가 2만5천 원 정도이다. 언제인지 기억하기도 어려울 만큼 오래전부터 동결된 단가이다. 10년 전에도 같은 단가였고, 실제로는 이 단가에도 못 미치는 수준으로 용역을 맡는 경우도 많다. 그동안 물가와 임금 상승을 고려하면 단가 동결은 정해진 인력으로 가능하면 많은 조사물량을 소화해내야 한다는 것을 의미한다. 그렇지 않으면 경영수지를 맞추지 못하기 때문이다. 조사회사 직원들이 야근을 자주 하는 것으로 유명한 까닭도 거기에 있다. 많은 조사물량을 소화해내려다 보니 직원들은 용역을 맡은 조사 하나하나의 품질관리에 충분한 관심을 기울이기가 쉽지 않고, 조사 전문가로서 역량을 키우고자 하여도 공부하는 데 시간적 제약을 받을 수밖에 없다. 조사회사도 비용이 부담스러워 새로운 기법을 개발하거나 오류를 통제하는 이런저런 방법을 시험하는 일에 나서기를 꺼린다.

예를 들어 우리나라 실정에서 보다 대표성 있는 표본추출을 위해 '시간균형할당추출'을 적용하는 것이 좋겠다는 제안이 있다(고려대 허명회 교수). 하지만 시간균형할당추출은 조사 대상의 크기와 조사기간을 늘려야 하는 비용증가의 문제를 수반한다. 비용제약에 시달리는 조사회사의 입장에서 비용증가를 수반하는 새로운 표본 추출 방법을 적용하기란 쉬운 일이 아니다.

다른 예로, 선거 여론조사의 경우 정확도를 높이기 위하여 '확률적 조사probabilistic polling'로 질문 방식을 바꾸자는 제안도 있다. 전통적 조사방법은 후보를 죽 불러주고 내일 선거가 실시된다는 가정 하에 지지할 후보 한 명을 고르라는 식이다. 확률적 조사는 응답자에게 투표에 참여할 확률이 몇 퍼센트나 되는지를 물은 다음, 출마 후보를 한 사람씩 불러주고 각 후보에게 투표할 확률을 퍼센트로 묻는 질문 기법이다. 이때 모든 후보에게 부여된 퍼센트의 총합은 100이 되어야 한다. 예측 정확도 면에서 확률적 조사가 우월하다는 연구보고가 있다(Manski, 2002).

우리나라 조사회사는 과도한 비용제약과 직원들의 과중한 업무 부담 탓에 새로운 표본추출 방법이나 질문 방식의 도입 여부를 결정할 간단한 실험조차 시도해보지 못하고 있다. 여론조사는 과학이라는 주장을 무색케 하는 현실이다. 싼 게 비지떡이라는 말도 있지 않은가. 고품질의 여론조사를 원한다면 먼저 조사단가부터 현실화해야 한다. 그런 후에야 여론조사가 과학인지 아닌지를 따져 보는 것이 제대로 된 순서가 아닌가 여겨질 정도로 현재 우리나라의 여론조사 환경은 열악하다.

책을 마치기 전에 여론조사가 활용되는 사례도 잠시 살펴보도록 하자. 여론조사의 품질은 제자리걸음인데, 그 역할은 점점 커지는 추세이다. 여론조사는 정치 전반에 걸쳐 영향력을 확대하고 있으며, 특히 선거에서 필수 공천자료로 자리를 굳혔다. 경쟁이 치열한 선거구일수록 여론조사가 결정권을 발휘하고, 여론조사만으로 후보 경선이 이루어지는 때도 적지 않다. 저자는 그런 현상이 난센스에 가까운 일이라는 점을 지적한다.

선거철이면 유권자들은 온갖 여론조사의 폭주에 상당히 시달린다. 여론조사에 진저리를 치는 유권자들도 적지 않아 응답률은 비선거철보다 더 떨어진다. 비선거철의 여론조사 응답률은 대개 조사원 조사가 15~20%, ARS 조사는 6% 내외이다. 따라서 선거철에는 여론조사의 응답률이 대강 15%(조사원 조사), 6%(ARS 조사) 이하로 더 낮아진다고 보아도 될 것이다. 공동체를 경영할 공직 후보를 뽑는 일이니 조사의 정확성이 어느 때보다 더 요구되지만 현실은 그렇지 못하다. 공직 후보 선정에 요구되는 것만큼 조사의 정확성을 기대하기에는 조사 응답률이 너무 낮다.

그리고 선거철에는 조사를 대하는 응답자의 자세마저 비선거철에 비해 더욱 무성의하다. 이러한 여론조사에 공천권을 위임하는 것은 이론적으로 공천자를 그냥 제비뽑기로 정하는 것과 별로 다를 바 없다. 예비후보들은 여론조사를 실시하기 전에 표본오차를 무시하고 단 0.1%라도 더 나온 사람을 후보로 뽑는다는 약속에 동의하는 경우도 있다고 한다. 그러려면 그냥 주사위를 던져 후보를 정하지 뭐하러 돈 들여 여론조사를 하는지 모를 일이다. 공천제도의 미비를 여론조사가 메워주고 있는 셈이지만 보기에 좋은 모양새는 아니다.

여론조사로 후보를 결정하는 것에는 또 다른 문제도 있다. 여론조사 공천은 인지도가 높은 현직자에게 프리미엄을 주는 격이다. 공천자를 결정하는 현재 방식의 여론조사는 잘해야 인지도 조사의 의미를 갖는다고 볼 수 있기 때문이다. 그런데 공천자를 결정하는 시점의 후보 인지도는 본선 경쟁력과 동일한 것이 아니다. 적어도 주요 정당의 후보로 공천을 받은 사람은 낮은 인지도로 시작해도 본선 캠페인 동안 인지도 면에서는 경쟁 후보에 비해 별로 뒤처지지 않을 만큼 따라잡게 되어 있다. 두말할 필요도 없이 후보 공천은 공동체에 매우 중요한 사안이다. 정치권과 학계는 여론조사 공천이 지닌 문제점을 진지하게 검토하고, 공천절차를 제도화하는 방안에 논의를 집중해야 할 것이다.

이제 책을 마칠 때가 되었다. 우리나라의 경우 여론조사의 역할은 뚜렷이 커지고 있지만 조사품질의 향상은 지체되고 있다. 폴러코스터 현상의 지속이 이런 판단을 뒷받침하는 방증이다. 폴러코스터는 여론조사시장에 생산자로 뛰어드는 회사가 늘어감에 따라 정도가 오히려 더 심해진 감도 없지 않다. 이렇게 되면 여론조사는 일종의 공해가 된다. 우려할 만한 일이다. 이 책은 그러한 우려에 대한 고민을 함께 나누자는 취지에서 출발하였다. 폴러코스터로 어지러운 때 여론조사의 생산자(조사회사), 유통자(언론사), 소비자(국민) 모두 잠시 공부하는 시간을 가져보는 것이 필요하리라 생각한다. 이 책이 여론조사의 생산자, 유통자, 소비자 모두에게 자신을 되돌아보는 기회를 제공하였으면 한다.

바람직한 여론조사시장이라면 생산자는 향상된 품질의 여론조사를 제공하기 위하여 더 많은 노력을 경주한다. 그리고 유통자는 자신이 중계하는 여론조사 상품들을 잘 선별하여 품질등급을 정확히 매기고 불량품은 시장에서 퇴출시키는 일을 게을리하지 않는다. 마지막으로, 소비자는 여론조사 상품을 접할 때 건강한 회의주의를 발동하여 눈에 보이는 대로가 아니라 나름대로 에누리해서

받아들이는 유능한 편집자가 된다.

바람직한 여론조사시장을 형성하려면 특히 유통자의 역할이 중요하다. 여론조사도 전문적인 영역이라고 할 수 있어서 소비자가 생산자를 견제하기가 쉽지 않기 때문이다. 같은 인식 아래 우리나라 기자협회보는 '여론조사 보도준칙'을 제정해야한다고 촉구하였고(2007년 10~11월), 2008년 총선미디어연대도 선거여론조사 관련 보도준칙을 발표한 바 있다(2008년 3월).

미국의 경우 1969년에 이미 여론조사협회AAPOR, American Association for Public Opinion Research가 여론조사를 보도할 때 반드시 공개해야 할 여덟 가지 기준을 공표하였는데, 그 기준이 지금도 그대로 유지되고 있다.[46] AAPOR의 여덟 가지 기준은 조사주체, 조사대상(모집단), 표본크기, 조사방법, 표본오차, 무응답률, 조사기간, 설문지 내용이다. 여론조사를 보도하는 기자라면 최소한 이 여덟 가지 항목은 점검해보아야 한다는 말이다. 미국의 또 다른 여론조사 관련 협회인 여론조사협의회NCPP, National Council on Public Polls는 이 보다 더 구체적이다. 여론조사를 보도할 때 기자 입장에서 점검해야 할 체크리스트로 스무 가지 질문을 제공하고 있는데, 그 내용은 다음과 같다.[47]

---

46) AAPOR은 1947년에 설립되었다. 대학 교수, 연구기관의 학자, 비영리 단체 관계자, 정부 관료, 조사회사 임원 등을 망라한 회원을 거느리고 있다. *Public Opinion Quarterly*라는 유명한 학술지를 협회 기관지로 출간하고 있다.

47) NCPP는 1969년에 창립한 조사 회사와 조사 관련 기관들의 협회로 1969년에 창립하였다. 여론조사업계 종사자들의 직업윤리를 최고 수준으로 유지하는 것, 그리고 정치인과 언론계 종사자, 일반 국민에게

1. 누가 조사를 실시했는가?
2. 누가 조사비용을 지불했으며 조사 목적은 무엇인가?
3. 응답자(표본)수는 얼마인가?
4. 조사 대상자는 어떻게 선정하였는가?
5. 모집단은 누구인가?
6. 조사 결과는 모든 응답자의 답에 근거한 것인가, 아니면 일부 응답자에 해당하는가?
7. 응답률은 충분히 높은가?
8. 언제 조사를 실시했는가??
9. 어떤 조사방법을 사용했는가?
10. 인터넷이나 웹상의 여론조사라면 표본의 모집단 대표성은 믿을 만한가?
11. 표본오차는 얼마인가?
12. 선거 여론조사에서 후보 간 순위는 표본오차를 고려하여 정한 것인가?
13. 조사 결과를 왜곡시키는 요인으로 다른 어떤 것들이 있는가?
14. 어떤 질문을 사용했는가?
15. 질문 순서는 어떤가?
16. 푸쉬폴(push poll, 여론조사를 빙자한 홍보)은 아닌가?
17. 같은 주제를 다룬 다른 조사가 있는가? 있다면 조사 결과는 동일한가? 다르다면 왜 다른가?
18. 출구조사의 경우, 잠재적 문제점들을 충분히 점검했는가? 조사를 맡은 회사는 믿을 만한가?
19. 보도에 포함해야 할 다른 사항은 없는가?
20. 모든 질문 항목을 짚어보아 문제가 없는 것으로 나왔다면 조사 결과는 반드시 보도해야 하는가? 보도할 만한 가치가 있는가?

여론조사가 어떻게 이루어지며 조사 결과는 어떻게 해석하는지에 관한 이해를 증진시키는 데 주 목적을 두고 있다. 인터넷 구글에서 NCPP 홈페이지를 검색하면 초기 화면에 영어 질문 원문이 나온다. 원문이 필요한 독자는 참고하기 바란다.

앞의 체크리스트는 여론조사 상품의 유통자인 기자들이 본분에 충실하도록 이끄는 길잡이 역할을 하지만, 소비자에게도 여론조사 보도를 접할 때 현명한 소비를 위하여 점검해야 할 사항들을 알려주고 있다. 가령, 조사를 실시한 주체가 누구인지 살펴보는 것은 무엇보다 중요하다. 조사 주체에 따라 결과가 편향되기 쉽다. 예컨대 조사 주체가 질문 선정이나 질문 문구의 작성, 질문 순서에 영향을 미칠 수 있기 때문이다. 조사 주체의 영향력은 한나라당이나 민주당이 실시한 조사 결과가 서로 얼마나 큰 차이가 나는지 비교해보면 당장 확인할 수 있다. 이해 당사자가 조사 주체라면 일단 조사 결과를 의심하는 눈으로 보는 것이 좋다.

조사 방법과 표본선정 방법도 주의를 기울여야 할 부분이다. 유선전화인지, ARS 조사인지, 인터넷 조사인지, 면접조사인지를 살펴보아야 하고, 표본선정 방법도 짚어보아야 한다. 확률표집의 원칙이 뚜렷이 훼손된 것으로 보인다면 당연히 무시해도 좋은 결과일 것이다. 표본의 크기도 점검 사항이다. 표본오차를 결정하는 변수이기 때문이다. 응답률도 얼마나 되는지 짚어보아 조사 결과를 어느 정도 에누리하고 받아들이는 것이 좋은 자세이다. 요사이는 조사 보도에 설문지가 첨부되는 경우가 많다. 현명한 소비자가 되려면 반드시 질문 문구와 순서를 살펴보아야 한다.

조사 결과를 해석하는 대목도 기자에게 전적으로 맡겨둘 일이 아니다. 과일가게에서 딸기 한 바구니를 살 때도 가게 주인이 골라주는 대로 사지 않고 이 바구니 저 바구니 스스로 살펴가며 사지 않는가. 조사 결과의 해석과 관련하여 대표적으로 한 가지를 지적하면, 표본오차를 무시하고 조사 결과에 의미를 부여하는 보도가 여전히 주를 이루고 있다. 잘못된 보도임은 다시 거론할 필요도 없다.

요즈음은 인터넷 기사에 댓글도 달 수 있고, 기사를 작성한 기자에게 전자메일을 보내는 것도 어렵지 않다. 소비자가 유통자의 시시비비를 가리고 나서면, 유통자는 제 몫을 다하도록 압박을 받게 되고, 생산자도 고품질의 상품을 시장에 내놓는 쪽으로 변할 수밖에 없을 것이다. 소비자도 현명하게 행동하면 시장에 선순환을 일으키는 시발점이 될 수 있다. 생산자와 유통자, 소비자 모두의 기량이 향상되어 바람직한 여론조사시장이 하루빨리 형성되기를 기대해본다.

■참고문헌

강흥수 역. 2007. 『선거 여론조사: 승리를 위한 유권자 마음 읽기』. 서울 : 커
뮤니케이션북스. [Stonecash, Jeffrey M. 2003. *Political Polling: Strategic Information in Campaigns*. New York: Rowman & Littlefield Publishers.]

노규형 · 강흥수 · 한철수. 2002. "임의표집법에 의거한 전화조사 시도—2002년 울산시장선거의 경우." 『조사연구』3(2).

권혁남. 1997. 『한국언론과 선거보도』. 서울 : 나남출판.

김흥규. 2008. 『Q방법론: 과학철학, 이론, 분석 그리고 적용』. 서울 : 커뮤니케이션북스.

조용헌. 2002. 『사주명리학 이야기』. 서울 : 생각의 나무.

최상진. 2000. 『한국인 심리학』. 서울 : 중앙대학교 출판부.

최인철 역. 2004. 『생각의 지도』. 서울 : 김영사. [Nisbett, Richard E. 2003. *The Geography of Thought: How Asians and Westerners Think Differently...and Why*. New York: Free Press.]

Asher, Herbert. 2004. *Polling and the Public, 6th ed.* Washington, D.C.: CQ Press.

Brehm, John. 1993. *The Phantom Resspondents: Opinion Surveys and Political Representation.* Ann Arbor: University of Michigan Press.

Fowler, Floyd J. 1993. *Survey Research Methods, 2nd ed.* Newbury Park, CA: Sage.

Frankovic, Kathleen A. 1998. "Public Opinion and Polling," in Graber, Doris, Denis McQuail, and Pippa Norris (eds.) *The Politics of News, the News of Politics.* Washington, D.C.: CQ Press.

Gilens, Martin. 2002. "An Anatomy of Survey-Based Experiments," in Jeff Manza, Fay Lomax Cook, and Benjamin I. Page (eds.) *Navigating Public Opinion.* Oxford: Oxford University Press.

Graber, Doris. 2002. *Mass Media and American Politics, 6th ed.* Washington, D.C.: CQ Press.

Johnson, Dennis W. 2007. *No Place for Amateurs.* New York: Routledge.

Johnson, Janet B., Richard A. Joslyn, and H. T. Reynolds. 2001. *Political Science Research Methods, 4th ed.* Washington, D.C.: CQ Press.

Keeter, Scott, Carolyn Miller, Andrew Kohut, Robert M. Groves, and Stanley Presser. 2000. "Consequences of Reducing Nonresponse in a National Telephone Survey." *Public Opinion Quarterly* 64: 125-48.

Manski, Charles F. 2002. "Probabilistic Polling," in Jeff Manza, Fay Lomax Cook, and Benjamin I. Page (eds.) *Navigating Public Opinion.* Oxford: Oxford University Press.

Miller, Peter V. 2002. "The Authority and Limitations of Polls," in Jeff Manza, Fay Lomax Cook, and Benjamin I. Page (eds.) *Navigating Public Opinion.* Oxford: Oxford University Press.

Moore, David W., 1995. *The Superpollsters: How They Measure and Manipulate Public Opinion in America.* New York: Four Walls Eight Windows.

Neuman, W. Russell. 1986. *The Paradox of Mass Politics: Knowledge and Opinion in the American Electorate*. Cambridge: Harvard University Press.

Sears, David O., Leonie Huddy, and Robert Jervis (eds.) 2003. *Oxford Handbook of Political Psychology*. Oxford: Oxford University Press.

Sudman, Seymour, Norman M. Bradburn, and Norbert Schwarz. 1996. *Thinking about Answers: The Application of Cognitive Processing to Survey Methodology*. San Francisco, CA: Jossey-Bass Publishers.

Tourangeau, Roger, Lance J. Rips, and Kenneth Rasinski. 2000. *The Psychology of Survey Response*. Cambridge: Cambridge University Press.

Weisberg, Herbert F., Jon A. Krosnick, and Bruce D. Bowen. 1997. *An Introduction to Survey Research, Polling, and Data Analysis, 3rd ed.* Thousand Oaks, CA: Sage.

Witte, James and Philip E. N. Howard. 2002. "The Future of Polling," in Jeff Manza, Fay Lomax Cook, and Benjamin I. Page (eds.) *Navigating Public Opinion*. Oxford: Oxford University Press.

Zajonc, R. B. 1980. "Feeling and Thinking: Preferences Need No Inference." *American Psychologists* 34: 151-175.